ESPAÑOL 2000

NIVEL ELEMENTAL

SOLUCIONARIO

SOCIEDAD GENERAL ESPAÑOLA DE LIBRERÍA, S. A.

Primera edición en el 2000
Cuarta edición en el 2002

Produce: SGEL Educación
Avda. Valdelaparra, 29 - 28108 ALCOBENDAS - MADRID

© Jesús Sánchez Lobato y Nieves García Fernández, 2000
© Sociedad General Española de Librería, S. A., 2000
Avda. Valdelaparra, 29 - 28108 ALCOBENDAS - MADRID

ISBN: 84-7143-795-3
Depósito Legal: M. 39.925-2002
Impreso en España - Printed in Spain

Composición e impresión: Nueva Imprenta, S. A.
Encuadernación: Europa, S. A. L.

LECCIÓN 1

1 1. soy; 2. es; 3. somos; 4. sois; 5. son; 6. es; 7. son.

2 1. Sí, soy profesor. 2. Sí, soy ingeniero. 3. Sí, soy piloto. 4. Sí, somos estudiantes. 5. Sí, somos arquitectos. 6. Sí, es médico. 7. Sí, soy azafata. 8. Sí, son estudiantes. 9. Sí, son azafatas. 10. Sí, soy enfermera.

3 1. Antonio es profesor. 2. Carmen es enfermera. 3. Pedro es arquitecto. 4. Luisa es azafata. 5. Carlos es ingeniero. 6. José es estudiante. 7. Petra es secretaria. 8. Miguel es piloto. 9. Susana es peluquera. 10. Felipe y Manuel son abogados. 11. Pilar y Mercedes son camareras.

4 1. Carmen es enfermera. 2. Antonio es profesor. 3. Petra es secretaria. 4. Miguel es piloto. 5. Susana es peluquera. 6. Carlos es ingeniero. 7. Felipe y Manuel son abogados. 8. Pilar y Mercedes son camareras. 9. José es estudiante. 10. Luisa es azafata.

5 1. Sí, soy estudiante. 2. No, no es camarera. 3. No, no es peluquera. 4. Sí, es ingeniero. 5. No, no es azafata. 6. No, no son enfermeras. 7. Sí, son estudiantes. 8. No, no somos médicos. 9. Sí, soy arquitecto. 10. Sí, somos enfermeras.

6 1. No, no soy Carlos, soy Antonio. 2. No, no somos azafatas, somos camareras. 3. No, no somos estudiantes, somos médicos. 4. No, no es peluquera, es enfermera. 5. No, no soy estudiante, soy profesor. 6. No, no es ingeniero, es arquitecto. 7. No, no son abogados, son estudiantes. 8. No, no soy secretaria, soy azafata. 9. No, no somos médicos, somos abogados. 10. No, no son azafatas, son camareras.

LECCIÓN 2

1 1. Miguel es inglés. 2. Ellas son morenas. 3. Tú eres español(a). 4. Ustedes son muy amables. 5. Jean es francés. 6. París es grande. 7. Vosotros sois simpáticos. 8. Nosotros somos ingleses. 9. Yo soy alemán(a). 10. Usted es polaco(a).

2 1. Vosotros sois italianos. 2. Ellas son japonesas. 3. Ellos son alemanes. 4. Yo soy inglés. 5. Tú eres holandés. 6. Él es suizo. 7. Ella es polaca. 8. Usted es americano. 9. Tú eres francesa. 10. Yo soy española.

3 1. No, el vino no es caro. Es barato. 2. No, Pedro no es bajo. Es alto. 3. No, Luisa no es gorda. Es delgada. 4. No, Teresa no es simpática. Es antipática. 5. No, la casa no es pequeña. Es grande. 6. No, el coche no es grande. Es pequeño. 7. No, Ángel no es rubio. Es moreno. 8. No, el tabaco no es bueno. Es malo. 9. No, el güisqui no es barato. Es caro. 10. No, la comida no es mala. Es buena.

4 1. Los estudiantes son simpáticos. 2. Las casas son grandes. 3. Las niñas son altas. 4. Los niños son morenos. 5. Mis amigas son francesas. 6. Mis amigos son japoneses. 7. Los coches son caros. 8. Mis hijos son bajos. 9. Mis hijas son rubias. 10. Los hoteles son baratos.

5 1. Pedro es alemán. 2. Ellos son ingleses. 3. Jean es francés. 4. Ellas son japonesas. 5. Nosotros somos mexicanos. 6. Miguel es suizo. 7. Antonio es español. 8. Vosotros sois argentinos.

6 1. Soy de Noruega. Soy noruego(a). 2. Son de América. Son americanos. 3. Son de China. Son chinas. 4. Somos de Rusia. Somos rusos(as). 5. Es de Yugoslavia. Es yugoslavo. 6. Somos de Argentina. Somos argentinos(as). 7. Soy de Cuba. Soy cubano(a). 8. Son de Bolivia. Son bolivianos.

LECCIÓN 3

1 1. La/una cafetería. 2. El/un teléfono. 3. El/un libro. 4. La/una casa. 5. El/un edificio. 6. El/un cine. 7. La/una iglesia. 8. El/un café. 9. La/una clase. 10. La/una torre.

2 1. Las/unas enfermeras. 2. Los/unos estudiantes. 3. Las/unas señoras. 4. Los/unos señores. 5. Las/unas ciudades. 6. Las/unas fábricas. 7. Los/unos bares. 8. Las/unas torres. 9. Los/unos edificios. 10. Las/unas plazas.

3 1. Las iglesias son románicas. 2. Las habitaciones son grandes. 3. Los estudiantes son simpáticos. 4. Los tabacos son malos. 5. Los señores son altos. 6. Las ciudades son grandes. 7. Los hoteles son baratos. 8. Las cafeterías son caras. 9. Los bares son pequeños. 10. Los coches son rápidos.

4 1. El estudiante es inglés. 2. La pensión es barata. 3. La torre es románica. 4. El edificio es moderno. 5. La habitación es pequeña. 6. El señor es alemán. 7. La ciudad es grande. 8. El turista es simpático. 9. El profesor es español. 10. El cine es barato.

5 1. Esta/Esa/Aquella. 2. Esta/Esa/Aquella. 3. Estos/Esos/Aquellos. 4. Este/Ese/Aquel. 5. Estas/Esas/Aquellas. 6. Estos/Esos/Aquellos. 7. Esta/Esa/Aquella. 8. Este/Ese/Aquel. 9. Esta/ Esa/Aquella. 10. Esta /Esa Aquella.

6 1. Este hotel es caro. 2. Ese edificio es el Ayuntamiento. 3. Aquella fábrica es grande. 4. Aquel señor es el profesor.

5. Estos señores son de Inglaterra. 6. Esta plaza es la Plaza Mayor. 7. Esa señorita es mi secretaria. 8. Esa iglesia es del siglo XII. 9. Aquellos turistas son de Alemania. 10. Aquellas torres son góticas.

7 1. ¿Cómo es esta niña? 2. ¿Qué son estos turistas? 3. ¿Cómo son aquellas torres? 4. ¿Qué es ese edificio? 5. ¿Qué son aquellos señores? 6. ¿Qué es eso? 7. ¿Cómo es ese libro? 8. ¿Qué es esa señora?/¿Quién es esa señora? 9. ¿Cómo es aquel edificio? 10. ¿Qué es esto?

Ilustraciones: *Esto, eso, aquello*: △ ¿Qué es aquello? ▽ Aquello es una fábrica. △ ¿Qué es esto? ▽ Esto es una iglesia. △ ¿Qué es aquello? ▽ Aquello es una oficina. △ ¿Qué es eso? ▽ Eso es un banco. △ ¿Qué es aquello? ▽ Aquello es un teatro. △ ¿Qué es eso? ▽ Eso es una discoteca.

LECCIÓN 4

1 1. Vosotros estáis cansados. 2. Las ventanas están cerradas. 3. Ellos están en el cine. 4. Nosotros estamos resfriados. 5. Los bancos están todavía abiertos. 6. Las habitaciones están a la derecha. 7. Vosotras estáis enfermas. 8. Ellas están todavía en las camas. 9. Ustedes están cansadas. 10. Nosotros(as) estamos hoy en casa.

2 1. (Susana) está cansada. 2. (Yo) Estoy cansado. 3. (Nosotros) Estamos bien. 4. (Pilar y Carmen) Están resfriadas. 5. (Nosotras) Estamos enfermas. 6. Estoy en forma. 7. (La habitación) Está desordenada. 8. (La ventana) Está cerrada. 9. (Los niños) Están resfriados. 10. (Nosotros-as) Estamos cómodos(as).

3 1. Los servicios están a la derecha del pasillo. 2. La piscina está detrás del hotel. 3. La botella está sobre/en la mesa. 4. Las clases están a la izquierda del pasillo. 5. La bicicleta está fuera del garaje. 6. El gato está debajo de la mesa. 7. El jardín está delante del hotel.

4 1. Estoy en el jardín. 2. Está a la derecha/a la izquierda/delante/detrás de la estación. 3. El museo está en la Plaza Mayor. 4. La parada de autobús está delante del/detrás del/frente al hospital. 5. Los zapatos están debajo de/encima de/junto a la cama. 6. El vino está en/sobre la mesa. 7. El gato está en/sobre/debajo de la silla. 8. El garaje está a la derecha. 9. La habitación de José está a la izquierda. 10. Pedro está en el cine.

5 1. es. 2. son. 3. está. 4. están. 5. están. 6. es. 7. está. 8. son. 9. es. 10. es/estamos a.

6 1. es, está. 2. son, están. 3. es, está. 4. es, está. 5. es, están. 6. está, es. 7. es, está. 8. son, están. 9. están, es. 10. están, es.

Ilustraciones Ser, Estar: Juan es médico. Juan está en la cama. Madrid es la capital de España. Madrid está en el centro de España. La habitación es grande. La habitación está desordenada. Este niño es muy simpático. Este niño está enfadado.

Ese bar es muy barato. Aquel bar está abierto. Peter y Mary son de Inglaterra. Pedro y Consuelo están en Inglaterra. Mi coche es pequeño. Mi coche está roto. Las ventanas son grandes. Las ventanas están cerradas. Esa silla está libre. Esta silla es cómoda.

7 1. La habitación está limpia. 2. Los hoteles son baratos. 3. La cafetería está abierta. 4. El jardín está detrás de la casa. 5. Correos está a la izquierda de la estación. 6. Él es muy antipático. 7. Aquella silla está vacía/libre. 8. La mesa es cuadrada/rectangular. 9. La habitación está desordenada. 10. Aquellos edificios son muy modernos.

8 Respuesta libre.

9 Respuesta libre.

LECCIÓN 5

1 1. esta/aquella. 2. esos/aquellos. 3. este/ese. 4. ese/aquel. 5. estos/esos. 6. esa/aquella. 7. esa/aquella. 8. estas/esas. 9. ese/aquel. 10. esos/aquellos.

2 1. aquel; 2. ese; 3. este; 4. aquellos; 5. esas; 6. estas; 7. aquel; 8. ese; 9. aquella; 10. Estos.

3 1. Sí, en esa biblioteca hay muchos libros. 2. Sí, en aquella sala hay muchas sillas libres. 3. Sí, en este barrio hay muchos teatros. 4. Sí, en ese cajón hay mucho dinero. 5. Sí, en esta plaza hay muchos bancos. 6. Sí, en aquella calle hay muchos bares. 7. Sí, en esta ciudad hay muchos museos. 8. Sí, en esta clase hay muchos alumnos. 9. Sí, en este hotel hay muchos turistas. 10. Sí, en esas oficinas hay muchas personas.

Ilustraciones *Hay/está(n)*: Los vasos están sobre la mesa. El cine está a la derecha. Las oficinas están a la izquierda. Los guantes están dentro del cajón. El perro está fuera de la casa. El parque está delante del museo. La piscina está detrás del hotel.

4 1. Ahí hay una piscina grande. 2. Aquí hay un hotel moderno. 3. Ahí hay unas botellas vacías. 4. Allí hay una mesa libre. 5. Ahí hay una cafetería abierta. 6. Aquí hay una silla ocupada. 7. Ahí hay unos señores extranjeros. 8. Allí hay un restaurante muy bueno y barato. 9. Aquí hay unos tomates muy ricos. 10. Ahí hay una tienda abierta.

5 1. Mi bicicleta es azul. 2. Su casa es nueva. 3. Su perro es negro. 4. Tu habitación es muy pequeña. 5. Nuestro profesor es muy simpático. 6. Su coche es muy rápido. 7. Vuestro apartamento es muy bonito. 8. Su jardín es muy grande. 9. Su padre es muy autoritario. 10. Su televisor es muy antiguo.

6 1. es su casa; 2. es su hijo; 3. es nuestro diccionario; 4. es nuestro coche; 5. son sus hijas; 6. es mi bolígrafo; 7. es mi apartamento; 8. es mi hermana; 9. es su perro; 10. es nuestra habitación.

7 1. Nuestra madre está resfriada. 2. Nuestros amigos están bien. 3. Mi mujer está enferma. 4. Su hermano está nervioso. 5. Nuestros padres están bien. 6. Su abuelo está mal. 7. Su marido está tranquilo. 8. Mi tía está mejor. 9. Nuestros niños están fuertes. 10. Nuestra abuela está débil.

Ilustraciones *Adjetivos posesivos*: Mi blusa es naranja. Mi corbata es azul. Nuestras gabardinas son blancas. Su sombrero es gris. Su falda es verde. Nuestros abrigos son marrones. Nuestros pantalones son negros. Mis guantes son amarillos. Mi jersey es rosa.

8 1. Mi hermano; Su mujer; Sus hijos son mis sobrinos y yo soy su tío. 2. Mi hermana, su marido. Su hija; su hijo. 3. Nuestra hija. Su novio. Nuestro hijo, su mujer. Mis nietos, su madre.

9 Mi familia; mi tía; mi madre; su hijo mayor, mi primo; mi abuelo, mi padre; su mujer, mi abuela; tus hermanos; mi hermano; mi hermana; mis sobrinos.

10 1. es, es; 2. es, Es; 3. está, Está; 4. Son, son; 5. está; 6. es; 7. está; 8. es; 9. están; 10. es.

TEST DE EVALUAC

I. **Forme el femenino**

1. Mi hermana es morena. 2. Nuestra profesora es muy simpática. 3. Su amiga es polaca. 4. Vuestra tía es baja. 5. Tu niña es muy tranquila.

II. **Diga lo contrario**

1. Tu habitación está muy ordenada. 2. Aquella silla está ocupada. 3. El alquiler es muy alto. 4. Ese restaurante es muy caro. 5. Luisa está muy delgada.

III. **Utilice la preposición contraria**

1. Mi coche está dentro del garaje/en el garaje. 2. El jardín está delante de la casa. 3. Correos está a la izquierda de la estación. 4. El perro está fuera de su caseta. 5. Detrás del museo hay un parque.

IV. *¿Ser o estar?*

1 es; 2. está; 3. es, está; 4. Está; 5. es.

(Lecciones 1 a 5)

V. Formule una pregunta

1. ¿Qué es/De dónde es María? 2. ¿Cómo/De qué color es su abrigo? 3. ¿Cómo es esta ciudad? 4. ¿De qué siglo son aquellas torres? 5. ¿Qué/quién es el señor Gómez?

VI. Forme el plural

1. Las habitaciones están muy limpias. 2. Aquellas chicas son estudiantes. 3. Estos bolígrafos son azules. 4. Las crisis económicas son muy graves. 5. Estos problemas son muy difíciles.

VII. Forme el singular

1. Este turista es inglés. 2. Aquel sillón es muy cómodo. 3. Este lápiz es azul. 4. Aquel turista es danés. 5. Mi paraguas es negro.

VIII. Utilice el adjetivo posesivo

1. su país; 2. vuestro apartamento; 3. sus habitaciones; 4. vuestro hotel; 5. tu suegra.

LECCIÓN 6

1 1. muy bueno; 2. muy mal tiempo; 3. muy agradable; 4. mucho frío en invierno; 5. muy desagradable; 6. muy bueno; 7. Muy temprano; 8. llueve mucho; 9. mucho viento para ir a la playa; 10. muy frías.

2 Siete; diez; veintinueve; once; ochenta y cuatro; cincuenta y cinco; quince; treinta y tres; noventa y siete; cien; ciento quince; doscientos(as) diecinueve; trescientos(as) cuarenta y tres; novecientos(as) veintiocho; mil doce; mil quinientos(as) veintinueve; mil cuatrocientos(as) noventa y cuatro; ocho mil cuatrocientos(as) uno; nueve mil quinientos(as) diez; cinco mil quinientos(as) once; veinte mil trescientos(as) veintiuno; quince mil ochocientos(as) treinta; cuarenta y dos mil setecientos(as) nueve; once mil seiscientos(as) sesenta y seis; trescientos(as) ochenta mil doscientos(as) veintidós; quinientos(as) cuarenta y siete mil setecientos(as) catorce; dos millones ochocientos(as) treinta y nueve mil doscientos(as) cuarenta y cinco; doce millones novecientos(as) cincuenta y cinco mil doscientos(as) doce.

3 1. Mil ciento un marcos; 2. Doscientas veinticinco pesetas; 3. Quinientas once libras; 4. Mil ochocientas setenta y nueve coronas; 5. Doce mil seiscientos cincuenta y cinco rublos; 6. Setecientos veinticuatro mil novecientos veintitrés dólares; 7. Quince mil cuatrocientos cincuenta y nueve pesos; 8. Un millón trescientas noventa y dos mil setecientas quince libras; 9. Trece mil doscientos sesenta y seis francos; 10. Tres millones cuatrocientos cuarenta y cuatro mil seiscientos trece chelines.

Ilustraciones *La hora*

Ahora es la una menos cinco. La clase es a las nueve (en punto). La oficina está abierta desde las ocho. Los bancos están abiertos hasta las dos. Tengo clase desde las nueve hasta las doce. Correos está abierto hasta la una y media. El descanso es a las once menos cuarto. El descanso dura quince minutos/un cuarto de hora.

Pedro está desde las ocho y cuarto. El examen es a las doce y media. Hay clase hasta la una menos cuarto. Los restaurantes están abiertos desde las cuatro y media hasta las ocho y media. Tengo las cinco y diez. Tengo las seis menos cuarto. La película dura desde las seis menos diez hasta las siete y media.

4 1. Tiene setenta y dos años. 2. Tiene doce años. 3. Tiene ocho meses. 4. Tenemos diecisiete y veinte años. 5. Tiene cinco semanas. 6. Tiene cuarenta y cinco años. 7. Tienen setenta y ocho y ochenta y un años. 8. Tengo treinta y seis años. 9. Tiene ocho días. 10. Tiene quince años.

5 1. El cumpleaños de mi hermano es el treinta y uno de septiembre. 2. Mi cumpleaños es el veintiocho de octubre. 3. Nuestro aniversario de boda es el doce de marzo. 4. El congreso es el veintinueve de julio. 5. La Fiesta Nacional de España es el doce de octubre. 6. La Fiesta Nacional de Portugal es el veinticinco de abril. 7. La fecha de mi nacimiento es el 15 de septiembre de mil novecientos cincuenta y cuatro. 8. Hoy estamos a tres de noviembre del dos mil... 9. Los exámenes son el veintiocho de mayo. 10. Mañana estamos a nueve de diciembre.

Ilustraciones *¿Cuánto cuesta(n)?*

Un kilo de tomates cuesta doscientas cuarenta pesetas (uno con cuarenta y cuatro euros).
Medio kilo de plátanos cuesta ciento setenta pesetas (uno con cero dos euros).
Un cuarto de kilo de fresas cuesta noventa y cinco pesetas (cero cincuenta y siete euros).
Un kilo de uvas cuesta trescientas cuarenta pesetas (dos con cero cuatro euros).

Un litro de leche cuesta ciento veinte pesetas (cero setenta y dos euros).
Medio litro de vino vale cien pesetas (cero sesenta euros).
Dos botellas de agua mineral cuestan ciento ochenta pesetas (uno con cero ocho euros).
Una caña de cerveza cuesta ciento cincuenta pesetas (cero noventa euros).
Una entrada de teatro cuesta dos mil quinientas pesetas (quince con cero dos euros).
Dos billetes de autobús cuestan trescientas sesenta pesetas (dos con dieciséis euros).

6 1. Dos kilos de peras cuestan quinientas ochenta ptas. (tres con cuarenta y nueve euros). 2. Medio kilo de pasteles cuesta mil cien ptas. (seis con sesenta y un euros). 3. Un cuarto de kilo de fresas cuesta noventa y cinco ptas. (cero cincuenta y siete euros). 4. Un litro de vino cuesta doscientas ptas. (uno con veinte euros). 5. Un litro de leche vale ciento veinte ptas. (cero setenta y dos euros). 6. Una botella de güisqui cuesta dos mil trescientas ptas. (trece con ochenta y dos euros). 7. Un bocadillo de jamón cuesta cuatrocientas cincuenta ptas. (dos con setenta euros). 8. Una bolsa de patatas cuesta ciento sesenta ptas. (cero noventa y seis euros). 9. Una ración de aceitunas cuesta trescientas noventa ptas. (dos con treinta y cuatro euros). 10. Un café con leche cuesta ciento cuarenta y ocho ptas. (cero ochenta y nueve euros). 11. Medio kilo de naranjas cuesta ciento setenta pesetas (uno con cero dos euros). 12. Una caja de galletas cuesta doscientas noventa ptas. (uno con setenta y cuatro euros).

7 1. llueve poco; 2. muy desagradable; 3. mal tiempo; 4. muy frío; 5. Es muy temprano; 6. Hoy hace malo; 7. nieva mucho; 8. un clima templado; 9. son calurosas; 10. son largos; 11. llueve mucho; 12. muy suave.

LECCIÓN 7

1 1. esperamos; 2. fuma; 3. practican; 4. contesta; 5. estudiáis; 6. escucho; 7. explica; 8. preguntas; 9. hablan; 10. compra.

2 1. Compramos vino. 2. Estudian inglés. 3. Tomo un café. 4. Fumamos un cigarro. 5. Hablo italiano y francés. 6. Escucho la radio. 7. Esperamos el autobús. 8. Explica la gramática. 9. Practican los verbos. 10. Escuchamos las noticias.

3 1. Espero al señor García. 2. Escuchan a la profesora. 3. Saludamos a los amigos. 4. Visito a mi abuela. 5. Contesta al profesor. 6. Esperamos a nuestros hermanos. 7. Llevo a Susana. 8. Esperamos a Juan y a Pedro. 9. Ayuda a su madre. 10. Examina a sus alumnos.

4 1. Cierran a la una y media. 2. Calienta la sopa. 3. Cuento el dinero. 4. Cuesta mil trescientas cincuenta ptas. (ocho con once euros). 5. Suena el teléfono. 6. Comienza a las once y cuarto. 7. Despiertan a su padre. 8. Pienso en el examen. 9. Recordamos la fiesta. 10. Colgamos los abrigos.

Verbos en -*ar* con diptongación

Los bancos cierran a las 2. Isabel calienta la comida. Pienso en Carmen. Cuestan veintiuno con noventa y ocho euros. Sienta a su hijo en la silla. Suena a las siete y media. Empezamos a las nueve. Encierra al ladrón. Vuelan a África. Los acostamos a las ocho.

5 1. Yo la compro. 2. Lo saludamos. 3. La estudiáis. 4. La calienta. 5. Lo cuelga. 6. Lo escuchamos. 7. La pinta. 8. Las cierran. 9. La repasan. 10. Lo cuenta. 11. Lo lavas. 12. La leéis.

6 1. No, no lo visitamos. 2. Sí, te invitamos. 3. Sí, os ayudo. 4. Sí, la alquilo. 5. Sí, las explica. 6. No, no la ayuda. 7. Sí, la escucho. 8. Sí, os acompañamos. 9. No, no lo toca. 10. Sí, me invita. 11. Sí, le llevamos. 12. No, no te los enseño.

Ilustraciones *Pronombres personales*

La firma. Los saludáis. La cantas. Los acuestan. Los friega. Las cierra. Los espero. Lo escuchan. Los cuentan.

7 Respuesta libre.

LECCIÓN 8

1 1. Ustedes beben mucho. 2. Tú comes muy poco. 3. Ellos venden su casa. 4. Ellas no comprenden la pregunta. 5. Vosotros aprendéis las palabras. 6. Ustedes tienen muchos problemas. 7. Yo no sé su dirección. 8. La camarera pone la mesa. 9. Vosotras hacéis los ejercicios. 10. El cartero trae un telegrama.

2 1. ¿Qué lees? 2. ¿Qué hacéis? 3. ¿Qué aprende María? 4. ¿Qué trae el cartero? 5. ¿Qué venden ellos? 6. ¿Cuántos hijos tenéis/tienen ustedes? 7. ¿Qué (es lo que) no sabes? 8. ¿Por dónde corren los niños?

3 1. Ella pierde siempre el autobús. 2. Yo no puedo ir hoy al cine. 3. Nosotros queremos vender nuestro apartamento. 4. Los soldados defienden la nación. 5. Ustedes no entienden el problema. 6. Este perro muerde a los niños. 7. La madre tiende la ropa en el jardín. 8. El vendedor envuelve el libro. 9. Ellos vuelven mañana de París. 10. Me duele mucho el estómago.

4 1. Muerde a los ladrones. 2. Defienden su país. 3. Envuelve el regalo. 4. No entiendo al profesor. 5. Podéis/ustedes pueden hacer una excursión. 6. Quiero comprar el periódico. 7. Tiende la ropa. 8. Me duele el estómago. 9. Volvemos a las 11. 10. Les/os devuelvo el diccionario.

5 1. Les recomiendo esta película. Se la recomiendo. 2. Le trae una cerveza. Se la trae. 3. Les dicta una frase. Se la dicta. 4. Les hacemos un regalo. Se lo hacemos. 5. Les regalamos caramelos. Se los regalamos. 6. Les doy la contestación. Se la doy. 7. Le regala un disco. Se lo regala. 8. Le traigo el libro. Se lo traigo. 9. Les explica el ejercicio. Se lo explica. 10. Le devuelvo el dinero. Se lo devuelvo.

6 1. No, no os lo dejo. 2. Sí, se lo recomiendo. 3. No, no os lo vendemos. 4. No, no te lo enciendo. 5. Sí, os lo doy. 6. Sí, te la enseñamos. 7. Sí, te lo traigo. 8. Sí, se la damos. 9. Sí, se la dicta. 10. Sí, nos la explica.

Ilustraciones *Pronombres personales*

Se la pregunta. Se lo lee. Se lo pone. Nos lo envuelve. Se la hago. Se las traen. Se la esconde. Se lo recomendamos. Os lo devuelvo.

7 1. Sí, podéis/pueden hablar conmigo. 2. No, no es para ti/usted. 3. Sí, son de nosotros (nuestros). 4. Sí, queremos trabajar con vosotros. 5. Sí, es para mí. 6. Sí, viven debajo de nosotros. 7. No, no me pregunta mucho. 8. Sí, puedes venir/ir conmigo. 9. No, no estamos enfadados contigo/con usted. 10. Sí, siempre piensa en ella.

8 1. es; 2. está, estoy; 3. estás; 4. es; 5. está; 6. es; 7. está; 8. Está; 9. está; 10. está.

9 trae; tiene; tomar; recomienda; especialidad de la casa; desea; con leche/cortado/solo; beber; botella.

LECCIÓN 9

1 1. Paco recibe muchas cartas. 2. Los bancos abren a las nueve. 3. Ella viene mañana por la tarde. 4. Usted vive en una calle muy tranquila. 5. Hoy vamos con José al teatro. 6. Ellos siempre dicen la verdad. 7. Oigo todos los días la radio. 8. La madre les parte a los niños la tarta. 9. Vosotros salís a las cinco de la oficina. 10. Las nubes cubren el cielo.

2 1. Vamos al cine. 2. Voy a las siete. 3. Venimos de la playa. 4. Salgo a las doce. 5. Voy a Correos. 6. Venimos del fútbol. 7. Salimos a las diez. 8. Sale de la Estación del Norte. 9. Vamos a casa. 10. Viene de París.

3 1. Juan les pide dinero a sus padres. 2. Las películas de Charlot nos divierten mucho. 3. Duerme siempre la siesta. 4. Despiden a sus amigos. 5. La camarera nos sirve la comida. 6. Prefiero una cerveza. 7. La profesora corrige las faltas. 8. Los alumnos repiten la frase. 9. Su padre no le consiente salir por la noche. 10. El arquitecto mide los planos del edificio.

4 1. Nos reímos de la película. 2. Vengo del teatro. 3. Ahora siento mucho calor. 4. Dormimos hoy en el hotel. 5. El señor y la señora García despiden al invitado. 6. Mido la habitación. 7. Nos advierte del peligro. 8. Los alumnos corrigen las faltas.

5 1. Nosotros nos lavamos con agua fría. 2. Usted se despierta muy temprano. 3. Vosotros os ducháis con agua caliente. 4. Nosotros nos bañamos los sábados. 5. Ustedes se acuestan muy tarde. 6. Yo me peino. 7. Ellos se visten deprisa. 8. Carlos se afeita por las mañanas. 9. La niña se desnuda sola. 10. Yo me duermo enseguida.

6 1. Se la afeita. 2. Se los ponen. 3. Se lo seca. 4. Nos los quitamos. 5. Se los lava. 6. Se los pinta. 7. Os lo cortáis. 8. Se la lavan. 9. Se las moja. 10. Se la ensucia.

Ilustración *Pronombres reflexivos*

Yo me levanto siempre de mal humor. Nosotros nos despertamos muy temprano. Vosotros os laváis las manos. Ella se pinta las uñas. Usted se lava los dientes. Vosotros os acostáis a las 12. Tú te afeitas por la mañana. Ustedes se secan las manos. Nosotros nos sentamos en el jardín. Ellas se quedan hoy en casa.

7 1. Nos reímos de ti. 2. Nos citamos con ellos. 3. Es de ella. 4. Es para vosotros. 5. Van conmigo. 6. Hablamos de ti. 7. Me voy con él. 8. Nos preocupamos por ustedes. 9. Es para mí. 10. La esperamos a ella.

8 1. No, a mí no me gusta el fútbol. 2. Si, a nosotros(as) nos gusta el verano. 3. Sí, a nosotros(as) nos gustan los gatos. 4. Sí, a mí me gustan las flores. 5. No, a ella no le gusta bailar 6. Sí, a mí me gustan los pasteles. 7. Sí, a nosotros(as) nos gusta ir al campo. 8. Sí, a los niños les gusta el chocolate. 9. No, a nosotros(as) no nos gusta ver la televisión. 10. Sí, a nosotros(as) nos gustan los perros.

9 1. Nos gusta nadar en el mar. 2. Nos gusta escalar las montañas. 3. Le gusta el chocolate. 4. Nos gusta el campo. 5. Me gusta ir a pasear. 6. Les gustan las chicas guapas. 7. Les gustan los conciertos. 8. Le gustan las rosas. 9. Me gusta tomar el sol.

LECCIÓN 10

1 1. Los niños están durmiendo. 2. El tren está llegando a la estación. 3. Estáis jugando al tenis. 4. Ella está saliendo de la habitación. 5. Estás escribiendo a máquina. 6. Estamos nadando en la piscina. 7. Manuel está tomando un café. 8. Estoy paseando por el parque. 9. Pepe está yendo a la oficina. 10. Está trabajando mucho.

2 1. Está preparándola/la está preparando. 2. Estamos viéndola/la estamos viendo. 3. Están saludándolos/los están saludando. 4. ¿Estáis comprándolos/los estáis comprando? 5. Están corrigiéndolas/las están corrigiendo. 6. ¿Estás escuchándola/la estás escuchando? 7. Está limpiándola/la está limpiando. 8. ¿Está preparándolo/lo está preparando? 9. Esta pintándolas/las está pintando. 10. ¿Están arreglándola/la están arreglando?

3 1. Él se la está preguntando/está preguntándosela. 2. Me lo estoy poniendo/estoy poniéndomelo. 3. Antonio se la está enseñando/está enseñándosela. 4. Se la estamos escribiendo/estamos escribiéndosela. 5. Los niños se los están lavando/están lavándoselos. 6. Se lo estamos pidiendo/estamos pidiéndoselo. 7. Marta se lo está secando/está secándoselo. 8. Él nos la está sirviendo/está sirviéndonosla. 9. Ella se lo está contando/está contándoselo. 10. Ellos nos la están enseñando/están enseñándonosla.

4 1. No, no me estoy divirtiendo/no estoy divirtiéndome. 2. Sí, nos estamos durmiendo/estamos durmiéndonos. 3. No, no nos estamos aburriendo/no estamos aburriéndonos. 4. Sí, se está bañando/está bañándose. 5. Sí, se las está pintando/está pintándoselas. 6. No, no se los están lavando/no están lavándoselos. 7. Sí, me estoy afeitando/estoy afeitándome. 8. Sí, se están duchando/están duchándose. 9. Sí, nos estamos preparando/estamos preparándonos. 10. Sí, me los estoy limpiando/estoy limpiándomelos.

Ilustraciones *El Gerundio*

Se está levantando/está levantándose de la cama. Se están bañando/están bañándose. Nos lo estamos poniendo/estamos poniéndonoslo. Se la está abriendo/está abriéndosela. Se lo está ofreciendo/esta ofreciéndoselo. Los estoy llamando/estoy llamándolos. Los está saludando/está saludándolos.

5 1. Tú conduces muy bien. 2. Yo introduzco la llave en la cerradura. 3. Yo traduzco un libro. 4. Los niños crecen rápidamente. 5. Yo no conozco París. 6. Nosotros producimos mucho vino. 7. Mis plantas no crecen. 8. Ustedes conducen muy deprisa.

6 1. Esta es la nuestra/es nuestra. 2. Estos son los vuestros/son vuestros. 3. Aquellas son las suyas/son suyas. 4. Esa es la tuya/ es tuya. 5. Estos son los suyos/son suyos. 6. Aquellos son los míos/son míos. 7. Esas son las mías/son mías. 8. Aquel es el suyo/es suyo.

7 1. Sí, es el nuestro/es nuestro. 2. Sí, es la mía/es mía. 3. Sí, es el tuyo/es tuyo. 4. Sí, son los vuestros/son vuestros. 5. Sí, son los nuestros/son nuestros. 6. Sí, es la mía/es mía. 7. Sí, es la suya/es suya. 8. Sí, son los míos/son míos.

Ilustraciones *Adjetivos posesivos*

Sí, mi coche gasta mucha gasolina. Sí, mi/nuestro país tiene muchas industrias. Sí, mi marido fuma mucho. Sí, su abrigo es muy elegante. Sí, nuestro coche está estropeado. Sí, pesan mucho mis maletas. Sí, es muy simpática nuestra profesora. Sí, mis gafas están rotas. Sí, mi/su/nuestra secretaria es muy trabajadora.

TEST DE EVALUACIÓN

I. Ponga el verbo más indicado

1. abren; 2. empieza/termina; 3. dura; 4. empieza/termina; 5. cierran.

II. Conjugue los verbos que están entre paréntesis

1. gobierna; 2. acuerda; 3. ríes; 4. Entiende; 5. mides.

III. Utilice la preposición correcta

1. a, con; 2. de, a, de; 3. de/desde; 4. en; 5. en/por.

IV. Formule una pregunta

1. ¿Para quién es este paquete? 2. ¿Con quién/quiénes vais al teatro? 3. ¿En quién piensa él siempre? 4. ¿Por quiénes se preocupan los padres? 5. ¿De quién os reís?

(Lecciones 6 a 10)

V. Sustituya el sustantivo por un pronombre personal

1. Se lo recomendamos. 2. Mañana te los devuelvo. 3. Por favor, ¿me la puede repetir? 4. Él siempre nos los cuenta. 5. Os la quiero enseñar.

VI. Utilice el pronombre reflexivo correcto

1. ¿A qué hora se levanta? 2. me lavo los dientes. 3. ¿Te duchas siempre...? 4. ¿Dónde nos sentamos? 5. ¿Cuánto tiempo os quedáis?

VII. Diga lo contrario

1. Se pone el abrigo. 2. Los niños se visten solos. 3. Nos levantamos muy tarde. 4. La niña se seca las manos. 5. Te duermes enseguida.

VIII. ¿*Ser* o *estar*?

1. Él está hablando por teléfono. 2. Este problema es muy complicado. 3. Nuestro coche está aparcado. 4. ¿Está usted enfadado? 5. Estas manzanas no están aún maduras.

LECCIÓN 11

1 1. De primero, voy a tomar una ensalada mixta. 2. Vamos a comprar un coche deportivo. 3. Vamos a ver una obra de arte. 4. Mañana vamos a ir a la playa. 5. Voy a llamar por teléfono a mi padre. 6. De bebida, vamos a tomar vino de la casa. 7. Voy a veranear a la costa. 8. Esta tarde vamos a ver a Antonio. 9. Hoy voy a comer en casa. 10. Esta noche vamos a dormir en un hotel.

2 1. Mañana vamos a visitar la ciudad. 2. Hoy vamos a quedarnos en casa. 3. Ahora van a ir de compras. 4. Después de comer voy a dormir la siesta. 5. Ahora vamos a corregir los ejercicios. 6. Mañana Pilar va a ir de excursión. 7. Después de cenar vamos a ir a bailar. 8. Hoy por la mañana voy a solucionar unos asuntos. 9. Después de clase vamos a divertirnos en una discoteca. 10. Antes de comer él va a ducharse y a afeitarse.

Ilustraciones *Infinitivo + pronombre personal/reflexivo*

Ella va a cortárselo/se lo va a cortar. Él no puede comprárselo/no se lo puede comprar. ¿Me lo quiere dar/quiere dármelo? ¿Me los puedes prestar/puedes prestármelos? ¿Os la pensáis comprar/pensáis compráosla? Nos lo pueden mandar/pueden mandárnoslo. Se la van a regalar/van a regalársela. Me las quiero lavar/quiero lavármelas. ¿Te lo vas a poner/vas a ponértelo?

3 1. Sí, nos gusta ir al teatro. 2. Sí, deseo tener mucho dinero. 3. No, no podemos hacer el viaje. 4. Sí, preferimos tomar una taza de café. 5. No, no espero aprobarlo. 6. Sí, pienso ir este verano al extranjero 7. No, esta tarde no quiero ir a bailar. 8. Sí, prefiero bañarme en el mar. 9. Sí, deseo hablar con él. 10. No, ellos no piensan quedarse esta tarde en casa.

4 1. Sí, deseamos comprárnosla. 2. No, no voy a cortármelo/no me lo voy a cortar. 3. No, no deseamos probárnoslos. 4. Sí, puedo planchártela/te la puedo planchar. 5. No, ellos no van a alquilarlo/no lo van a alquilar. 6. Sí, esperamos aprobarlo/lo esperamos aprobar. 7. Sí, voy a visitarlos/los voy a visitar. 8. Sí, quiero probármela/me la quiero probar. 9. Sí, ella desea comprárselo. 10. No, no podemos reservársela/no se la podemos reservar.

5 1. No, no quiero comer nada. 2. No, no podemos hacer nada. 3. No, no veo a nadie. 4. No, no hay nadie en el jardín. 5. No, no pregunta nadie por ti/nadie pregunta por ti. 6. No, él no hace nada. 7. No, no conozco a nadie. 8. No, no quiero decir nada. 9. No, no lo sabe nadie/No, nadie lo sabe. 10. No, no sabemos nada.

6 1. No, no tenemos ningún problema/ninguno. 2. No, no hay ninguna cerveza/ninguna. 3. No, no compramos ningún tomate/ninguno. 4. No, hoy no tengo ninguna visita/ninguna. 5. No, no te puedo prestar ninguna corbata/ninguna. 6. No, aquí no hay ningún hotel barato/ninguno. 7. No, no hay ninguna carta/ninguna para ti. 8. No, no quiero ver ninguna película francesa/ninguna. 9. No, no te puedo prestar ningún bolígrafo rojo/ninguno. 10. No, en esta ciudad no tenemos ningún amigo/ninguno.

Ilustraciones *Pronombres indefinidos*

No, no hay ninguna carta para ti. No, no oigo nada. No, no hay ningún asiento libre. No, no hace nada. No, no queda ninguna cerveza en la nevera. No, no quiero nada de beber. No, no se está bañando nadie. No, de japonés no comprendo nada.

7 1. No, no quiero nada de beber. 2. No, no queda nada de pan. 3. No, no te puedo decir nada/no puedo decirte nada del asunto. 4. No, no comprendo nada de español. 5. No, no voy a comprar nada de fruta. 6. No, no te puedo prestar nada de dinero. 7. No, no os/les puedo dar nada de comer. 8. No, no sé nada de Pedro. 9. No, no tenemos nada de tiempo. 10. No, no comprendo nada del texto.

8 1. Ningún asiento hay libre. 2. Nadie contesta. 3. Ella a nadie saluda. 4. Vosotros nunca llegáis puntualmente. 5. Ninguna ventana hay abierta. 6. Nadie se está bañando. 7. Nada podemos hacer. 8. Nada le interesa. 9. Ninguna persona nos quiere ayudar. 10. Nunca tiene tiempo.

9 hay, ir. - hace, pasear. - podemos. - Visitar, ir. - gusta, prefiero. - podemos. - llama. - muy bien. - tenemos.

LECCIÓN 12

1 1. Trabajad mucho/no trabajéis mucho. 2. Beban vino/no beban vino. 3. Pregunta mucho/no preguntes mucho. 4. Leed la carta/no leáis la carta. 5. Escriba las palabras/no escriba las palabras. 6. Alquila un coche/no alquiles un coche. 7. Abra la ventana/no abra la ventana. 8. Continuad trabajando/no continuéis trabajando. 9. Tomen un taxi/no tomen un taxi. 10. Coged el autobús/no cojáis el autobús.

2 1. Cómpramela. 2. Quítenselos. 3. Explíquenosla. 4. Escribídsela. 5. Mándamelo. 6. Enséñenoslo. 7. Limpiáoslos. 8. Lávatelo. 9. Préstanoslo. 10. Leédnosla.

Ilustraciones *Imperativo + pronombre*

Cogedlo. Enséñamela. Ayúdale. Ábresela. Sacádnoslas. Escríbesela. Quitáoslas. Lavátelos. Démelo.
Ponéoslas. Escríbesela. Prestádselo. Dénmelos. Regálaselo. Traédmelo. Tomáosla. Quíteselo. Cómprenselos.

3 1. Dádselo - No se lo deis. 2. Ponéoslas. - No os las pongáis. 3. Apáguenla. - No la apaguen. 4. Tómatelo. - No te lo tomes. 5. Comprádnoslo. - No nos lo compréis. 6. Tráigamela. - No me la traiga. 7. Ciérrenla. - No la cierren. 8. Dígaselo. - No se lo diga. 9. Ponedla. - No la pongáis. 10. Hágasela. - No se la haga. 11. Dínoslas. - No nos las digas. 12. Díganmelo. - No me lo digan. 13. Háganoslo. - No nos lo haga. 14. Pónsela. - No se la pongas. 15. Traedlo. - No lo traigáis.

Ilustraciones *Imperativos irregulares*

Sí, ténmelo. Sí, házmela. No, no lo pongáis. No, no salgas. Sí, ve. Sí, dímela. No, no te la pongas. Sí, ven. Sí, háznosla.

4 1. Ponéos el abrigo. 2. Haga (usted) preguntas. 3. Vayan (ustedes) a clase. 4. Oye las noticias. 5. Venga (usted) pronto. 6. Vayan (ustedes) a bailar. 7. Tened paciencia. 8. Sal a la calle. 9. Digan (ustedes) algo. 10. Id al cine.

5 1. Las llaves están en mi bolsillo. 2. Tus zapatos están debajo de/al lado de/junto a la cama. 3. La piscina está delante/detrás del hotel. 4. La cocina está junto al/al lado del comedor. 5. Moscú está lejos de Madrid. 6. Toledo está cerca de Madrid. 7. Delante/detrás/al lado de/junto a la casa hay un jardín. 8. Nosotros paseamos por el parque. 9. Correos está entre la estación y el Ayuntamiento. 10. Hoy vamos a la playa. 11. Yo vengo ahora de la universidad. 12. Ellos están sentados alrededor de/frente a la chimenea. 13. El coche va por/a lo largo de la calle. 14. El garaje está detrás de/junto a la casa.

Ilustraciones *Preposiciones de lugar*

Antonio está sentado delante de/en la ventana. Ellos pasean por el parque. Mi coche está en/dentro del garaje. Vamos a la playa. Vengo de Correos. El niño está sentado con/entre su padre y su madre. El coche va a lo largo del/junto al río. Pilar se sube al autobús. Paco se baja del tren.

6 1. Vengo de la biblioteca. 2. El lápiz está debajo de/bajo la mesa. 3. Detrás de mí está sentado Pedro. 4. Él va a París. 5. Ella mete dinero en el banco. 6. Pon la bicicleta ante/delante de la casa. 7. El gato está sobre/encima de la cama. 8. El aeropuero está cerca de aquí. 9. Ella se baja del tren. 10. Vienen de clase.

7 Respuesta libre.

LECCIÓN 13

Ilustraciones *Imperativo + pronombre*

Envuélvamelos/No me los envuelva. Ciérrenlos/No los cierren. Cuéntanoslo/No nos lo cuentes. Pídemela/No me la pidas. Repítamela/No me la repita. Sírvanosla/No nos la sirva. Elígelo/No lo elijas. Recomendádsela/No se la recomendéis. Despiértalo/No lo despiertes.

1 1. Sí, acuéstalos/acuéstelos/No, no los acuestes/acueste. 2. Sí, enciéndemelo/No, no me lo enciendas. 3. Sí, pídamelo/No, no me lo pida. 4. Sí, cuéntanoslo/No, no nos lo cuentes. 5. Sí, sigue (siga) leyéndola/No, no la sigas (siga) leyendo. No sigas (siga) leyéndola. 6. Sí, empezadlo (empiécenlo)/No, no lo empecéis (empiecen). 7. Sí, repítela (repítala)/No, no la repitas (repita). 8. Sí, envuélvanoslo/No, no nos lo envuelva. 9. Sí, muéstrenosla/No, no nos la muestre. 10. Sí, colgadlos (cuélguenlos)/No, no los colguéis (cuelguen).

2 1. Sí, pídamelo. 2. Sí, empezad/empiecen. 3. Sí, comienza/comience. 4. No, no la tendáis/no la tiendan. 5. No, no la cierres/no la cierre. 6. Sí, volved/vuelvan. 7. Sí, sigue/siga preguntando. 8. Sí, siéntate/siéntese. 9. No, no durmáis/no duerman. 10. Sí, repítelo/ repítalo.

3 1. Sí, pero aquel es más simpático que este. 2. Sí, pero aquellos son más confortables que estos. 3. Sí, pero aquellas son más guapas que estas. 4. Sí, pero aquel es más rico que este. 5. Sí, pero aquella es más bonita que esta. 6. Sí, pero aquel es más alto que este. 7. Sí, pero aquellas son más jugosas que estas. 8. Sí, pero aquellos son más interesantes que estos. 9. Sí, pero aquel es más caro que este. 10. Sí, pero aquella es más barata que esta. 11. Sí, pero aquel es mayor (más grande) que este. 12. Sí, pero aquella es más larga que esta. 13. Sí, pero aquellos son más trabajadores que estos. 14. Sí, pero aquellas son más tristes que estas.

4 1. Sí, pero ese es peor. 2. Sí, pero esa es menor. 3. Sí, pero esos son mejores. 4. Sí, pero ese es mayor. 5. Sí, pero ese tiene peor carácter. 6. Sí, pero esa tiene mejores libros. 7. Sí, pero ese es más alto. 8. Sí, pero esa es mejor. 9. Sí, pero esa es peor. 10. Sí, pero esos son más pequeños (menores). 11. Sí, pero esas son mejores. 12. Sí, pero esos son peores. 13. Sí, pero esas son menores. 14. Sí, pero esos son mayores.

Ilustraciones *Gradación del adjetivo*

Antonio es más alto; Pedro es el más alto de todos. El tuyo es mejor; el suyo es el mejor de todos. Ese es más confortable; aquel es el más confortable de todos. Esa es más complicada; aquella es la más complicada de todas.

Esos son peores; aquellos son los peores de todos. La tuya es más pequeña (menor); la mía es la más pequeña (la menor) de todas. Esas son más aplicadas; aquellas son las más aplicadas de todas. El vuestro es más pequeño (menor); el suyo es el más pequeño (el menor) de todos. Esa es más grande (mayor); aquella es la más grande (la mayor) de todas.

5 1. No, no es el mejor, es el peor. 2. No, no es la más antigua, es la más moderna. 3. No, no es el mayor, es el menor (el más pequeño). 4. No, no es la mayor, es la más pequeña (la menor). 5. No, no es la más aplicada, es la menos aplicada. 6. No, no es el más alto, es el más bajo. 7. No, no son los peores, son los mejores. 8. No, no es el más difícil, es el menos difícil (el más fácil). 9. No, no son las más baratas, son las más caras. 10. No, no es mi mejor foto, es la peor.

6 1. Sí, es tan cara como esta/igual de cara que esta. 2. Sí, es tan grande como este/igual de grande que este. 3. Sí, son tan antiguas como estas/igual de antiguas que estas. 4. Sí, son tan aplicados como estos/igual de aplicados que estos. 5. Sí, es tan cómodo como este/igual de cómodo que este. 6. Sí, son tan bonitas como estas/igual de bonitas que estas. 7. Sí, son tan interesantes como estas/igual de interesantes que estas. 8. Sí, es tan elegante como este/igual de elegante que este. 9. Sí, son tan altos como estos/igual de altos que estos. 10. Sí, es tan pequeño como este/igual de pequeño que este.

7 1. Ella tiene tanta prisa como yo. 2. Tomáis tanta leche como nosotros. 3. Tienen tantos hijos como vosotros. 4. Esta tienda vende tantas cosas como aquella. 5. Tu hijo come tanta fruta como el mío. 6. Usted come tanto pan como yo. 7. Leen tantas revistas como mi madre. 8. Tengo tantos discos como usted. 9. Tenéis tantos problemas como nosotras. 10. Mi marido fuma tantos cigarrillos como el tuyo.

8 1. Es antiquísimo. 2. Son amarguísimos. 3. Es amabilísima. 4. Son blanquísimas. 5. Es malísimo. 6. Es inteligentísimo. 7. Son simpatiquísimos. 8. Es nerviosísimo.

Ilustraciones *El superlativo*

Sí, es grandísima; es la más grande de todas. Sí, es carísimo; es el más caro de todos. Sí, son antiquísimas; son las más antiguas de todas. Sí, es pequeñísima; es la más pequeña de todas. Sí, es buenísima; es la mejor de todas. Sí, es riquísima; es la más rica de todas. Sí, son comodísimos; son los más cómodos de todos. Sí, es amarguísimo; es al más amargo de todos. Sí, es divertidísima; es la más divertida de todas.

9 1. Tiene poquísima paciencia. 2. Tenemos muchísima hambre. 3. Fuman muchísimos puros. 4. Tengo poquísimos amigos. 5. Tomad muchísima fruta. 6. Hay muchísima gente. 7. Tiene muchísimas ganas. 8. Tenemos poquísimo tiempo. 9. Tiene muchísimos libros. 10. Tiene muchísima sed.

10 1. La oficina de viajes está en la quinta planta/la planta quinta. 2. Estamos en la sexta lección/la lección sexta. 3. Están en la segunda puerta a la derecha. 4. Hago cuarto curso de Medicina. 5. Están en el primer cajón. 6. Está en el séptimo puesto/el puesto séptimo. 7. Nos sentamos en la novena fila/la fila novena. 8. Son los primeros turistas. 9. Se acaban en el tercer trimestre. 10. Vivo en el duodécimo piso/el piso duodécimo.

11 servirle; Quiero/Deseo; conozco; recomendar; gusta; me gusta; enseñar/mostrar; es el último; mejor; escuchar/oir; Aquí tiene/Póngase; Tiene; cantante/disco; Se lo; qué le debo/cuánto es/cuánto cuesta; ayuda.

LECCIÓN 14

1 1. Mercedes se ríe más que Carmen. Lola es la que más se ríe. 2. Esas bailan mejor que estas. Aquellas son las que mejor bailan. 3. Felipe conduce más deprisa que él. Vosotros sois los que más deprisa conducís. 4. Yo fumo mucho más que tú. Ellos son los que más fuman. 5. Esos zapatos me gustan más que estos. Aquellos son los que más me gustan. 6. Yo tengo menos paciencia que ella. Tú eres el que menos paciencia tienes. 7. Pedro trabaja mejor que tú. Ella es la que mejor trabaja. 8. Luis conduce peor que Carmen. Vosotros sois los que peor conducís. 9. Mi mujer se levanta más tarde que yo. Mis hijos son los que más tarde se levantan. 10. Mi mujer se acuesta más pronto (antes) que yo. Mis hijos son los que más pronto (antes) se acuestan.

2 1. Vosotros tenéis que quedaros en casa. 2. Ustedes tienen que ser puntuales. 3. Yo tengo que levantarme temprano. 4. Nosotros tenemos que estar a las diez en casa. 5. Usted tiene que recoger un paquete. 6. Vosotras tenéis que comprar las entradas. 7. Tú tienes que estar tres días en la cama. 8. Él tiene que salir mañana de viaje. 9. Ustedes tienen que acostarse pronto. 10. Ella tiene que ir al dentista.

3 1. Tiene que trabajar menos. Debe trabajar menos. 2. Tenéis que tener más paciencia. Debéis tener más paciencia. 3. Tiene que/debe fumar menos. 4. Tiene que/debe conducir más despacio. 5. Tiene que/debe ser más puntual. 6. Tienes que/debes lavártelos todos los días. 7. Tienen que/deben verla menos. 8. Tienen que/deben dormir más. 9. Tenéis que/debéis ser más amables. 10. Tienen que/deben beber menos.

4 1. Hay que trabajar más. 2. Hay que hacer más deporte. 3. Hay que ser puntuales 4. Hay que lavárse los dientes todos los días. 5. Hay que comprar queso. 6. Hay que ahorrar. 7. Hay que acostarse pronto. 8. Hay que decir la verdad. 9. Hay que darse prisa. 10. Hay que llamar a la policía.

Ilustraciones *Gradación del adverbio*

Carmen se ríe más; Pilar es la que más se ríe. Su hotel está más lejos del centro; mi hotel es el que más lejos del centro está. Ángeles canta mejor; Montserrat Caballé es la que mejor canta. Mi hijo come menos; mi hija es la que menos come. Yo escribo más deprisa; usted es el que más deprisa escribe. Su coche gasta más gasolina; vuestro coche es el que más gasolina gasta. Ese atleta corre más; aquel es el que más corre. Vuestra casa está más cerca; su casa es la que más cerca está. Tú duermes peor; yo soy el que peor duerme.

Ilustraciones *Preposiciones de tiempo*

La película empieza a las siete y cuarto. Me acuesto a las once. Me voy a comer después del trabajo. Dura hasta el 29 de julio. Trabajamos desde las ocho hasta las dos. Florecen en primavera. Lo tomo durante el almuerzo. Regresan después de la escuela. Nos levantamos antes del/después del/al amanecer.

5 1. A las siete y media. 2. Desde las ocho de la mañana hasta las dos de la tarde. 3. En/durante la pausa. 4. Después de (la) clase. 5. Después de las comidas. 6. Antes/después del desayuno. 7. A las dos y media. 8. Antes de comer. 9. En/durante el verano. 10. Por la tarde. 11. Antes de hacer un viaje.

6 1. A las ocho y veinte. 2. Desde las diez hasta la una de la tarde. 3. Al mediodía. 4. Después de la playa toman una ducha. 5. Yo siempre me echo la siesta después de comer. 6. Antes de ir al extranjero hay que hacerse un pasaporte. 7. En invierno nieva mucho en las montañas. 8. Durante/en/ después de la cena vemos la TV. 9. Antes/Después de acostarme leo un poco. 10. No hay que hablar durante la conferencia.

Ilustraciones *Tener que/deber*

Debe quedarse en la cama. Tenemos que estudiar. No debe levantarse. Tengo/tienes/tiene/tenemos/tenéis/tienen que ser puntual(es). Tengo que hacer las maletas. Debe hacer deporte. Tengo que repararlo. Debes fumar menos. Debemos/tenemos que limpiarla.

7 1. No, no debéis verla. 2. No, no debe levantarse todavía/aún. 3. No, no debe beber vino. 4. No, no debéis/deben hablar con él. 5. No, no debo tomar café. 6. No, no debéis/deben pisarlo. 7. No, no puede jugar todavía/aún. 8. No, no debes/debe leerla.

8 Vamos; Mejor, tenemos; transbordo; cogemos/coger; estaciones; Mira; cerca; bocacalles; media hora de tiempo.

LECCIÓN 15

1 1. Antes vivía en el pueblo. 2. Salía de la escuela a las doce. 3. En 1942 tenía cinco años. 4. Antes trabajaban en la fábrica textil. 5. Íbamos a veranear al mar. 6. Mi abuelo era simpático. 7. Los domingos nos invitaba mi tío Felipe. 8. En las vacaciones nos bañábamos en el mar. 9. Antes fumaba dos cajetillas. 10. En el pueblo llevábamos una vida tranquila.

2 1. Antes fumaba más. 2. Antes íbamos más al cine. 3. Antes leía más. 4. Antes dormían más. 5. Antes nos visitabais más. 6. Antes nos escribía más. 7. Antes salíamos más de casa. 8. Antes hacías más deporte. 9. Antes nos llamaba más por teléfono. 10. Antes iba más al teatro.

3 1. Nosotros nos estábamos bañando. 2. Ustedes estaban comiendo. 3. Tú estabas leyendo la prensa. 4. Vosotras estabais bailando. 5. Usted se estaba lavando las manos. 6. Ella se estaba secando el pelo. 7. Yo estaba durmiendo la siesta. 8. Tú estabas saludando a sus/tus amigos. 9. Ellos estaban descansando. 10. Nosotras estábamos viendo la televisión.

Ilustraciones *El imperfecto*

Antes comía en casa. Antes nadaba más/mucho. Antes íbamos a esquiar. Antes bebía más/mucho. Antes era pobre. Antes (sólo) tenía bicicleta. Antes veníais más/mucho a verme. Antes trabajaba menos. Antes la veíamos más/mucho.

4 1. Estaba leyendo una revista. 2. Estábamos oyendo música. 3. Estábamos viendo una película. 4. Se estaba pintando/Estaba pintándose las uñas. 5. Estaba escribiendo una carta. 6. Estaban haciendo los deberes. 7. Estábamos limpiándonos/Nos estábamos limpiando los zapatos. 8. Estaba afeitándose/Se estaba afeitando. 9. Estaba lavándome/Me estaba lavando los dientes. 10. Estaba divirtiéndome/Me estaba divirtiendo.

5 1. El museo que está en la plaza es muy bonito. 2. Los libros que están sobre la mesa son de Juan. 3. El vestido que me gusta mucho es muy caro. 4. Nuestra prima que estudia Medicina vive en Barcelona. 5. Ellos tienen un coche que gasta mucha gasolina. 6. Hoy tratamos un asunto que es muy importante. 7. Tenemos unos amigos franceses (a los) que visitamos muy a menudo. 8. Ella es una actriz que me gusta mucho. 9. Conozco a una señora muy simpática que tiene once hijos. 10. Hoy tenemos una visita que no esperábamos.

Ilustraciones *El pronombre relativo*

Aquel señor que fuma en pipa es director de cine. Aquella casa que está junto al cine es muy antigua. Estos señores que están tomando café son alemanes. Aquellas chicas (a las) que Luis está saludando son muy guapas. Ese cuadro que representa la guerra es de Picasso. Este disco que estamos escuchando ahora es muy bueno.

Estas torres en las que (donde) estamos ahora son las más altas. La ciudad por donde (la que) pasa el tren es un importante centro industrial. El país sobre el que estamos volando tiene altas montañas. La empresa en la que trabajo exporta frigoríficos. Este edificio tiene un restaurante desde el que se ve toda la ciudad.

6 1. El señor con el que/al que estaba hablando es director de un banco. 2. Las chicas con las que vamos hoy al cine son alemanas. 3. El hotel donde/en el que estamos tiene una piscina. 4. La calle por la que/por donde paso todos los días está ahora cortada. 5. El autobús en el que viajamos es muy cómodo. 6. La ciudad en la que/donde vivo tiene muchas industrias. 7. El pueblo al que/adonde vamos todos los veranos está en las montañas. 8. Tengo unos amigos en los que pienso mucho. 9. La empresa en la que/donde ella trabaja es americana. 10. Los señores a los que Pedro está saludando trabajan en una orquesta.

7 1. Antes, en este pueblo había pocas fábricas. 2. En esta calle antes había poco tráfico. 3. En esta costa antes había pocos hoteles. 4. Antes, en este parque había muchos pájaros. 5. Antes había menos gente sin trabajo. 6. Antes había pocos coches. 7. En este jardín antes había muchas flores. 8. Antes había más/muchas enfermedades. 9. Antes había menos drogadictos en el mundo.

8 1. ¡Qué bonita es aquella rosa! 2. ¡Qué delgada está María! 3. ¡Qué cómodo es este sillón! 4. ¡Qué bien habla francés Manolo! 5. ¡Qué caros son estos tomates! 6. ¡Qué bueno está este vino! 7. ¡Qué simpáticas son estas chicas! 8. ¡Qué buen humor tiene Carmen! 9. ¡Qué grande es esta casa! 10. ¡Qué sucia está esta playa!

9 Respuesta libre.

TEST DE EVALUACIÓN 3
(Lecciones 11 a 15)

I. **Utilice el verbo más apropiado**

1. Me gusta mucho montar en bicicleta. 2. No podemos comprarnos un coche... 3. ¿Qué prefieres hacer tú?... 4. Usted debe ver esta película... 5. ¿Tenéis algún plan para mañana? Sí, pensamos ir de excursión a Toledo. 6. Luis quiere ir este verano a Alemania...

II. **Conteste negativamente**

1. No comprendo nada. 2. No hay ningún asiento libre. 3. No tengo ninguna pregunta. 4. No tenemos ningún plan para mañana.

III. **Utilice el Imperativo y el pronombre personal**

1. Sí, enciéndela/enciéndala. 2. Sí, ven a recogernos a casa. 3. No, no los cerréis/cierren. 4. Sí, póntelos/póngaselos. 5. Sí, envuélvamelo.

TEST DE EVALUACIÓN

IV. ¿Forme el Imperativo

1. Sed puntuales. 2. Ten paciencia. 3. Oigan las noticias. 4. Vaya al teatro. 5. Haced los ejercicios.

V. Utilice el comparativo o el superlativo

1. ... pero el marrón me gusta más. 2. ... pero Pedro es el que mejor lo habla. 3. ... pero tú trabajas menos que yo. 4. ... pero aquel huele peor. 5. ... pero él juega mejor.

VI. Tener que/deber/hay que

1. ... porque tengo que estar a las 7 en la oficina. 2. No debe ir mañana a trabajar. 3. Para saber bien un idioma hay que estudiar mucho. 4. ... porque tenemos que recoger a nuestros padres del aeropuerto. 5. Debes ser más puntual.

(Lecciones 11 a 15)

VII. **¿Qué preposición falta?**

1. En verano hace mucho calor en Madrid. 2. Nos quedamos en Barcelona hasta la semana próxima. 3. Desde esta torre ustedes pueden ver toda la ciudad. 4. Nos gusta sentarnos alrededor de la chimenea. 5. Los jueves por la tarde no tengo clases en la universidad.

VIII. **Forme el imperfecto**

1. Mi abuelo Juan era muy simpático. 2. Siempre estaba de buen humor y nos contaba historias muy divertidas. 3. ¿Qué profesión tenía? 4. Trabajaba para una empresa extranjera que exportaba productos químicos. 5. ¿Cuántos idiomas sabía? 6. Hablaba muy bien francés e inglés, también comprendía algo de alemán.

IX. **Forme el imperfecto**

1. La casa en la que vivo tiene cinco plantas. 2. Aquel edificio que ven ustedes a la derecha es el Ayuntamiento. 3. El pueblo al que vamos en verano tiene muchas playas. 4. La señora a la que/con la que Pedro está hablando es la directora. 5. Aquel señor al que María está saludando es nuestro profesor.

LECCIÓN 16

1 1. Fuimos al cine. 2. Estuvimos en el teatro. 3. Visité a mis primos. 4. Comí paella. 5. Cantaron una canción. 6. Se puso el(un) abrigo azul. 7. Tuvimos cinco. 8. No me dijo nada. 9. Nos dio dinero. 10. No pudimos encontrar ningún taxi libre.

2 1. La semana pasada tuvimos invitados. 2. Ellos fueron anoche al teatro. 3. Se levantó ayer a las nueve. 4. Ella escuchó la radio ayer por la noche. 5. Ayer por la mañana me puse el traje azul. 6. Ellos estuvieron en Londres el mes pasado. 7. Vosotros no me dijisteis nada ayer. 8. El enfermo no pudo dormir bien anoche. 9. ¿Qué cenaron ustedes ayer por la noche?. 10. La fiesta ayer fue muy divertida.

Ilustraciones *Pretérito indefinido*

La semana pasada llovió mucho. Anoche fueron a bailar. Ayer la conferencia fue muy interesante. El mes pasado tuvimos mucho trabajo en la oficina. El año pasado muchos turistas vinieron a España. Ayer por la tarde ella se puso el sombrero negro. El domingo pasado no pudimos ir al cine. Anteayer tú no me dijiste la verdad. Ayer por la noche vino usted muy tarde a casa.

3 1. Estuvimos bailando en la discoteca. 2. Estuvimos viendo escaparates. 3. Estuve bañándome en la playa. 4. Estuve informándome. 5. Estuvo lavándose la cabeza. 6. Estuvieron estudiando para el examen. 7. Estuvimos haciendo un curso de inglés. 8. Estuve oyendo la radio. 9. Estuve corrigiendo los ejercicios. 10. Estuve echando unas cartas.

4 1. Mis padres me llamaron ayer por teléfono. 2. El tren salió anoche con retraso. 3. Nosotros fuimos el jueves pasado al teatro. 4. Carmen se puso ayer el vestido rojo. 5. Yo estuve el año pasado en Francia. 6. Él no pudo venir la semana pasada. 7. Usted no nos dijo ayer la verdad. 8. Vosotros os pusisteis ayer muy nerviosos. 9. Ellos vinieron anteayer de Inglaterra. 10. Ayer por la noche ustedes bebieron mucho vino.

5 1. Sí, me estuve bañando. - No, no me estuve bañando. 2. Sí, estuve bailando. - No, no estuve bailando. 3. Sí, estuvimos jugando. - No, no estuvimos jugando. 4. Sí, estuvimos veraneando. - No, no estuvimos veraneando. 5. Sí, estuve hablando por teléfono. - No, no estuve hablando por teléfono. 6. Sí, estuve estudiando toda la noche. - No, no estuve estudiando toda la noche. 7. Sí, estuvimos charlando mucho tiempo con él. - No, no estuvimos charlando mucho tiempo con él. 8. Sí, estuvo llorando anoche mucho tiempo. - No, no estuvo llorando anoche mucho tiempo. 9. Sí, estuvimos montando en bicicleta toda la mañana. - No, no estuvimos montando en bicicleta toda la mañana. 10. Sí, estuve haciendo un curso en Inglaterra el mes pasado. - No, no estuve haciendo un curso en Inglaterra el mes pasado.

6 1. Los turistas que llegaron en segundo lugar eran ingleses. 2. Los que están en el escaparate me gustan más. 3. Las que ves al este son góticas. 4. El que tiene ella es azul. 5. Las que están en la cocina son de mi madre. 6. Los que compré ayer me costaron cero setenta y cinco. 7. El que vino ayer es juez. 8. El hotel en el que estamos nosotros es más barato. 9. La empresa para la que trabajo ahora es española. 10. Los que están jugando en la calle son los del vecino.

7 1. ¿De qué es esta mesa? 2. ¿Qué se puso ella para el concierto? 3. ¿Cuántos coches tenéis? 4. ¿Qué zapatos prefieres? 5. ¿Qué quiere(s) de primer plato? 6. ¿Cuántas habitaciones tiene tu(su) casa? 7. ¿De que os examinasteis (se examinaron ustedes) ayer? 8. ¿Con quién se casó ella? 9. ¿Quiénes son tus (sus) hermanos? 10. ¿De quién es el abrigo que está en la silla?

Ilustraciones *El pronombre interrogativo*

¿Con quién vamos hoy al cine? ¿Quién se compró el sombrero negro?/¿Qué sombrero se compró él? ¿Con quién(es) hablaste ayer? ¿Qué es aquella señora? ¿Cuántas plantas tiene este edificio? ¿A quién viste la semana pasada? ¿De quién es el paraguas amarillo?

8 1. ¡Cuánto nos divertimos ayer! 2. ¡Cuánta gente hay hoy en la playa! 3. ¡Cuánta agua bebéis! 4. ¡Cuántos libros tiene usted! 5. ¡Cuánto nos gustó la película! 6. ¡Cuántas joyas tiene ella! 7. ¡Cuántas guerras hay en el mundo! 8. ¡Cuánta luz tiene tu habitación! 9 ¡Cuánto nos aburrimos ayer! 10. ¡Cuántos cuadros tienen ellos!

9 en, de, entre, en; de, al, de/en; en, por, de, sobre; en; por, de; después, para, de.

LECCIÓN 17

1 1. Sí, sí la hicimos/No, no la hicimos. 2. Sí, sí lo condujo/No, no lo condujo. 3. Sí, sí lo traduje/No, no lo traduje. 4. Sí, sí la tuvimos/No, no la tuvimos. 5. Sí, sí nos la dijo/No, no nos la dijo. 6. Sí, sí nos lo trajeron/No, no nos lo trajeron. 7. Sí, sí me lo puse/No, no me lo puse. 8. Sí, sí la supimos/No, no la supimos. 9. Sí, sí la convinieron/No, no la convinieron. 10. Sí, sí lo pude resolver/No, no lo pude resolver.

Ilustraciones *El Pretérito indefinido*

Ayer estuvimos en la playa. En la fiesta hubo muchas personas. Ayer Carmen no me dijo nada. Anoche fuimos al casino. Dieron la fiesta en el jardín. Vine de Londres en avión. Mis padres me trajeron de España una guitarra. Los niños no quisieron ir a la escuela. Ayer pusieron en la TV una película. Ayer por la tarde hice una excursión.

2 1. En la sala no cupo nadie más. 2. Lo hicimos como siempre. 3. Quise comprar un reloj. 4. ¿A qué hora vinieron ellos?

5. Nosotros no supimos nada. 6. Pedro se puso los guantes. 7. ¿Qué tradujo María? 8. ¿Por qué no trajisteis el coche? 9. Tú dijiste muchas tonterías. 10. No tuve tiempo para nada.

3 1. Se los corrigió a los alumnos. 2. Nos la sirvió una camarera. 3. Eligieron a mi padre. 4. Nos repitió su número de teléfono. 5. Seguí haciendo el ejercicio. 6. Se vistieron muy elegantes. 7. Dormí cinco horas. 8. Murió con ochenta y dos años. 9. Se la impidieron a los menores de dieciocho años. 10. Dormimos en un hostal.

4 1. Carmen no nos creyó. 2. Ellos, en la iglesia, leyeron la Biblia. 3. Este castillo lo construyeron los árabes. 4. Las bombas destruyeron toda la ciudad. 5. Ayer, en el concierto, oímos la Novena Sinfonía de Beethoven. 6. No incluí en la lista a los no matriculados. 7. Antonio se cayó por las escaleras. 8. Me excluyeron del equipo por una lesión. 9. Constituyeron la asamblea la dirección y los trabajadores. 10. Ayer oímos por la radio las noticias.

Ilustraciones *Pretérito indefinido*

¿Cuántas horas dormiste/durmió usted ayer? ¿Qué os pidieron en la aduana?/¿Dónde os pidieron el pasaporte? ¿Quién no oyó el teléfono?/¿Qué no oyó Carmen? ¿Quién murió a los ochenta años?/¿A qué edad murió vuestra abuela? ¿Qué leíste ayer?/¿Cuándo leíste un libro muy interesante? ¿Quién construyó este castillo?/¿Qué construyeron los árabes? ¿Quién se cayó por la escalera?/¿Por dónde se cayó el señor López? ¿Qué hicisteis el año pasado?/¿Por dónde hicisteis un viaje el año pasado?/¿Cuándo hicisteis un viaje por toda Europa? ¿Quién prefirió el vestido blanco?/¿Qué vestido prefirió ella?

5 1. No se oyó nada en la calle. 2. Tuve alguna duda. 3. No entendimos nada. 4. No teníais nada que hacer/Teníais poco que hacer. 5. Nadie te estuvo buscando ayer. 6. Alguien vio algo/Todos lo vieron todo. 7. No le queda ninguna moneda. 8. Así se demuestra algo/todo. 9. Faltaba poco para el verano. 10. Tengo algún inconveniente.

Ilustraciones *Adjetivos y pronombres indefinidos*

No, no tengo nada fresco para beber. Sí, quiero otra. Sí, hay otro. Sí, le puedo enseñar otros más baratos. Sí, todos/Sí, jugamos todos los fines de semana. Sí, tenemos mucha. No, tiene mucho. No, no tengo nada que declarar. Sí, hay bastantes.

6 1. Sí, hay alguien/No, no hay nadie. 2. Sí, hay algo/No, no hay nada. 3. Sí, veo algo/No, no veo nada. 4. Sí, vino alguien/No, no vino nadie. 5. Sí, tomamos algo/No, no tomamos nada. 6. Si, fue alguien/No, no fue nadie. 7. Sí, nos dijo algo/No, no nos dijo nada. 8. Sí, hay alguien/No, no hay nadie.

7 1. ¿Desea usted algo/alguna cosa más? 2. Él va todos los domingos al cine. 3. No tengo ningún billete de un euro. 4. Tenemos aún algo. 5. ¿Quieres un/otro vaso de vino? 6. Cada/Todo estudiante tiene que pagar dieciocho euros de matrícula. 7. Todas las mañanas hago gimnasia. 8. Este país tiene muchos/algunos problemas económicos.

8 1. Ella dio un beso a cada niño. 2. El ministro conversó con cada periodista. 3. Yo leo cada anuncio del periódico. 4. Cada mañana hacemos gimnasia. 5. Hay que repetir cada ejercicio varias veces. 6. Cada deportista debe entrenarse diariamente dos horas. 7. Cada solicitud tiene que estar firmada. 8. Cada habitante tiene que pagar sus impuestos.

9 Respuesta libre.

LECCIÓN 18

1 1. Yo también las he escuchado. 2. Yo también los he solucionado. 3. Nosotras también hemos venido en metro. 4. María también ha trabajado mucho. 5. Yo también me he levantado muy temprano. 6. Nosotros también hemos estado hoy en la playa. 7. Ella también ha ido hoy a clase. 8. Nosotras también hemos sido muy puntuales esta mañana. 9. Yo también he dormido mal esta noche. 10. Nosotros también hemos comido ya.

② 1. El tren ha llegado con retraso. 2. Nosotros hemos reservado una mesa. 3. Usted ha tenido mucha suerte. 4. Vosotros no habéis sido amables con él. 5. Ella ha perdido el autobús. 6. Ustedes han sido muy puntuales. 7. Ellos han vivido muchos años en París. 8. Tú has dormido hoy muy poco. 9. El autobús ha salido ya. 10. Hoy nos hemos quedado en casa.

Ilustraciones *Pretérito perfecto*

Esta noche él ha dormido muy poco. Este verano hemos pasado las vacaciones en Italia. Esta primavera ha llovido mucho. Esta tarde ellos han ido a bailar a una discoteca. Este año habéis trabajado mucho. Este mes él ha estado de viaje por Europa. Este fin de semana nos hemos quedado en casa descansando. Este invierno ha nevado mucho en las montañas. Esta mañana hemos cogido un taxi.

③ 1. Sí, ya lo he comprado/No, aún no lo he comprado. 2. Sí, ya me las he lavado/No, todavía no me las he lavado. 3. Sí, ya lo hemos encontrado/No, aún no lo hemos encontrado. 4. Sí, ya lo hemos vendido/No, todavía no lo hemos vendido. 5. Sí, ya la he tomado/No, aún no la he tomado. 6. Sí, ya la he arreglado/No, todavía no la he arreglado. 7. Sí, ya las hemos reservado/No, aún no las hemos reservado. 8. Sí, ya los hemos sacado/No, aún no los hemos sacado. 9. Sí, ya se las he enseñado/No, todavía no se las he enseñado. 10. Sí, ya se ha levantado/No, aún no se ha levantado.

Ilustraciones *Pretérito perfecto*

No, no las he visto. Sí, lo hemos roto. No, todavía (aún) no las he escrito. Sí, se ha puesto nervioso. Sí, (ya) lo hemos envuelto. No, no ha vuelto aún (todavía). Sí, las hemos abierto. No, no me la ha dicho. No, todavía (aún) no lo han descubierto.

④ 1. Sí, la hemos visto/No, no la hemos visto. 2. Sí, la he escrito/No, no la he escrito. 3. Sí, lo hemos resuelto/No, no lo hemos resuelto. 4. Sí, me lo ha devuelto/No, no me lo ha devuelto. 5. Sí, la he puesto/No, no la he puesto. 6. Sí, lo he abierto/No, no lo he abierto. 7. Sí, nos la ha dicho/No, no nos la ha dicho. 8. Sí, la he hecho/No, no la he hecho. 9. Sí, lo ha roto/No, no lo ha roto. 10. Sí, lo ha descubierto/No, no lo ha descubierto.

5 1. Hemos estado viendo la televisión. 2. He estado leyendo el periódico. 3. Han estado estudiando para el examen. 4. Ha estado escribiendo cartas. 5. Han estado jugando a la pelota. 6. He estado hablando por teléfono. 7. Hemos estado buscando piso. 8. Hemos estado dando un paseo. 9. He estado arreglando la casa. 10. Hemos estado durmiendo la siesta.

6 1. Sí, las cartas ya están escritas. 2. Sí, estos ejercicios ya están corregidos. 3. Sí, el problema ya está resuelto. 4. Sí, la camisa ya está planchada. 5. Sí, la taquilla ya está cerrada. 6. Sí, el equipaje ya está hecho. 7. Sí, las maletas ya están facturadas. 8. Sí, la habitación ya está arreglada. 9. Sí, las cervezas ya están metidas en la nevera. 10. Sí, las entradas ya están encargadas.

Ilustraciones *Participio de perfecto*

Ella tiene la pierna rota. La exposición ha quedado inaugurada. La mesa está puesta. Ella sigue dormida. La ropa está mojada. La novela está publicada. La corrida queda suspendida. Todas las localidades están vendidas/agotadas. Las tiendas siguen abiertas.

7 1. ¡Si ya la he puesto!/¡Si ya está puesta! 2. ¡Si ya la he abierto!/¡Si ya está abierta! 3. ¡Si ya lo hemos resuelto!/¡Si ya está resuelto! 4. ¡Si ya la he encendido!/¡Si ya está encendida! 5. ¡Si ya lo hemos rellenado!/¡Si ya está rellenado! 6. ¡Si ya la hemos reservado!/¡Si ya está reservada! 7. ¡Si ya lo he arreglado!/¡Si ya está arreglado! 8. ¡Si ya los hemos fregado!/¡Si ya están fregados! 9. ¡Si ya la he quitado!/¡Si ya está quitada! 10. ¡Si ya lo he hecho!/¡Si ya está hecho!

8 1. La chimenea está/sigue encendida. 2. Están/siguen decididos. 3. María está/sigue enamorada. 4. Las calles están/siguen cubiertas de nieve. 5. Están/siguen enfadados conmigo. 6. Están/siguen sentadas en la terraza. 7. Está/sigue acostada en el sofá. 8. Está/sigue dormido. 9. Están/siguen perdidos en el monte. 10. Están/siguen abiertos.

9 1. No, jamás he montado en avión/No, no he montado jamás. 2. No, nunca ha hablado/No, no ha hablado nunca sobre este asunto. 3. No, jamás hemos trabajado/No, no hemos trabajado jamás en el campo. 4. No, jamás nos ha ayudado/No, no nos ha ayudado jamás. 5. No, nunca he estado enfermo/No, no he estado nunca enfermo. 6. No, jamás he perdido el tren/No, no he perdido jamás el tren. 7. No, nunca ha hecho/No, no ha hecho nunca un (ningún) viaje por la India 8. No, jamás he ganado ningún premio/No, no he ganado jamás ningún premio. 9. No, nunca he mentido a mi padre/No, no he mentido nunca a mi padre. 10. No, jamás nos hemos interesado por la política/No, no nos hemos interesado jamás por la política.

10 Respuesta libre.

LECCIÓN 19

1 1. Había pedido ayuda a Paco. 2. Pedro nos había prometido su ayuda. 3. Había salido de casa a las ocho. 4. Había aparcado el coche en una calle oscura. 5. Habíamos reservado una habitación en el hotel «Mundo Feliz». 6. Habíamos planeado para hoy una excursión a la sierra. 7. No, no habían asegurado sus joyas. 8. Le había regalado a su novia un anillo de oro. 9. Se habían conocido en una fiesta.

2 1. Cuando nos levantamos, aún no había amanecido. 2. Cuando llegamos a París, ya había anochecido. 3. Cuando conocí a Paco, ya había terminado la carrera. 4. Cuando llegaron al cine, las entradas ya se habían agotado. 5. Cuando llamé por teléfono a Carmen, ella ya se había acostado. 6. Cuando entramos en el cine, la película no había comenzado (todavía).

7. Cuando puse la radio, ya habían dado las noticias. 8. Cuando María tuvo su primer hijo, aún no había cumplido veinte años. 9. Cuando nos decidimos a comprar la casa, ya la habían vendido. 10. Cuando regresé a casa, mis padres ya habían cenado.

Ilustraciones *Cuando + indefinido + pluscuamperfecto*

Cuando llegó a la cita, ella se había marchado. Cuando la ambulancia llegó, el herido se había muerto. Cuando fuimos por el coche, la grúa se lo había llevado. Cuando fueron a alquilar el piso, (otros) ya lo habían alquilado. Cuando regresamos a casa, nos habían robado. Cuando fuimos a visitarle, aún no se había levantado. Cuando puse la TV, el programa ya (se) había acabado. Cuando murió mi abuelo, aún no había cumplido 80 años. Cuando salimos de viaje, ya había empezado a nevar.

3 1. Había estado preparando la comida. 2. Habían estado jugando a las cartas. 3. Había estado pintando la puerta del garaje. 4. Habíamos estado aprendiendo inglés. 5. Había estado solucionando unos problemas y sacando dinero. 6. Habíamos estado arreglando el coche. 7. Habíamos estando haciendo unas compras en la ciudad. 8. Habían estado revisando el motor.

4 1. Hemos visto una gran/buena película. 2. Él es un buen/gran músico. 3. Ayer hizo mal tiempo. 4. Ella tiene muy buen humor. 5. Mi hijo ha sacado muy buenas notas. 6. ... porque hace muy buen tiempo. 7. Ya está en el tercer mes. 8. Me gusta el buen vino. 9. Este sí que es un buen coche. 10. El primer día después de las vacaciones todo el mundo está de mal humor.

5 1. ¿En barco o en avión? 2. ¿Viven ustedes en la ciudad o en el campo? 3. Yo no sé escribir a máquina; por eso escribo a mano. 4. En verano siempre vamos al mar. 5. Tuve que ir de pie en el autobús. 6. Los alumnos de esta clase saben mucho español. 7. En primavera hace buen tiempo en esta región. 8. Hoy estamos a martes, 12 de octubre del dos mil... 9. La máquina de escribir está estropeada. 10. De nueve a doce tenemos clase de español en la universidad.

6 1. Fue de Madrid a Barcelona en seis horas. 2. Prefiero los libros de aventuras a los de filosofía. 3. Acabo de llegar a/de Sevilla. He venido en el tren. 4. Te espero a las 7 en/ante la puerta de mi casa. 5. A la secretaria le han pedido la dirección de su jefe tres personas. 6. En mi pueblo, las fiestas duran de cuatro a cinco días/entre cuatro y cinco días. 7. Luis ha dejado la maleta a/de su hermano en mi casa, a/en la entrada. 8. Tengo un poco de prisa. Llegaré en/dentro de unos minutos. 9. A mí no me des más de esa comida. 10. Viajando en barco, puedes llegar a/sin marearte.

Ilustraciones *Preposiciones a, en, de*

Él va a pie a la playa. Él siempre viaja en avión. No hay nada de vino en la botella. El peluquero está mucho tiempo de pie. Ella sabe escribir muy bien a máquina. En verano, a las cinco de la mañana, ya es de día. Él le ha regalado a María un reloj de oro. ¿A qué hora regresa Pepe a/de la oficina? ¿Has venido a pie o en coche? Él siempre habla en broma.

7 1. Este es el mejor libro que he leído. 2. Esto es lo mejor que has podido hacer. 3. María es la mejor alumna de la clase. 4. Sí, lo he oído 5. No me gusta lo que estás haciendo. 6. Este jersey es el que más me gusta. 7. Sí, lo estamos. 8. Esto me parece lo más lógico. 9. La última parte de la película es la peor. 10. Lo peor es que no sabemos nada.

8 Respuesta libre.

LECCIÓN 20

1 1. Ayer hizo muy mal tiempo. 2. Ella iba todos los domingos a misa. 3. El lunes pasado me levanté muy temprano. 4. Mi primer hijo nació en 1975. 5. Él cogía todos los días el metro para ir a la oficina. 6. Mi abuelo fue/era un hombre muy cariñoso y siempre estuvo/estaba de buen humor. 7. Yo conocí a mi mujer en una fiesta. 8. La G.C. española empezó en 1936. 9. Después de comer, él siempre tomaba/ha tomado/tomó una taza de café. 10. De repente, se nubló/ha nublado el cielo y comenzó/ha comenzado a llover.

2 1. No podía/pude/he podido llamarte por teléfono porque no tenía tu número. 2. Hacía/hizo muy mal tiempo, decidimos quedarnos en casa. 3. Siempre que le llamaba por teléfono, él nunca estaba en casa. 4. El lunes pasado, mi hijo no fue a clase porque tuvo/tenía que solucionar varios asuntos. 5. Mientras los demás charlaban, él permaneció/permanecía en silencio. 6. Cada vez que Luis nos visitaba, nos traía flores. 7. Él no comprendió/comprendía todo lo que dijo/decía el guía. 8. ¿Quién era la señorita que vino ayer por la tarde? 9. Mi padre sabía hablar muy bien alemán porque estuvo/había estado viviendo muchos años en Alemania. 10. ¿Con quién vivió/vivía él cuando estudió/estudiaba medicina en Granada?

Ilustraciones *Cuando* + *imperfecto/indefinido*

Cuando ellos llegaron a casa, la comida ya estaba en la mesa. Cuando murió mi abuelo, yo era aún un niño. El niño estaba jugando cuando el coche le atropelló. Cuando ella bajaba por la escalera, se rompió una pierna. Cuando Juan iba a la oficina, tuvo un accidente. Cuando terminó/terminaba la TV, nos fuimos/íbamos a la cama. Cuando salíamos de casa, sonó/sonaba el teléfono. Estábamos aún comiendo cuando Carlos vino a visitarnos. Cuando ellos estaban/estuvieron en Italia, les hizo muy buen tiempo.

3 1. Cuando me desperté, ya era de día. 2. Cuando vivíamos en el pueblo, íbamos mucho a nadar. 3. Cuando llegamos al cine, no había ya entradas. 4. Cuando sonó el despertador, ella se levantó de la cama. 5. Cuando salimos de casa, estaba lloviendo. 6. Cuando ayer iba al mercado, me encontré a tu hermana. 7. Cuando me casé, en mil novecientos noventa y cuatro, tenía veinticinco años. 8. Cuando éramos jóvenes, jugábamos mucho al tenis. 9. Cuando estudiaba Medicina en Berlín, vivía en una pensión. 10. Cuando nos enteramos de la noticia, le llamamos enseguida por teléfono.

4 1. Anteayer nos quedamos en casa/Este fin de semana nos hemos quedado en casa. 2. La semana pasada ella estuvo enferma/Esta semana ella ha estado enferma. 3. El domingo me levanté muy tarde/Hoy me he levantado muy tarde. 4. El invierno pasado hizo mucho frío/Este invierno ha hecho mucho frío. 5. Anoche no nos dijo nada/Hasta el momento no nos ha dicho nada. 6. El año pasado no pudieron ir de vacaciones al mar/Este año no han podido ir de vacaciones al mar. 7. El mes pasado ellas tuvieron que trabajar mucho/Este mes ellas han tenido que trabajar mucho. 8. El lunes pasado él vino en avión/Esta mañana él ha venido en avión. 9. La película de ayer fue muy interesante/La película de hoy ha sido muy interesante. 10. ¿A qué hora llegó ayer el tren?/¿A qué hora ha llegado hoy el tren?

5 1. Cervantes nació en 1547 y murió en 1616. 2. Ayer yo estuve en el teatro y vi una obra de Antonio Gala. 3. Dos veces por semana iba a bañarse al río. 4. Este año la cosecha ha sido buena porque ha llovido mucho. 5. Esta mañana yo me he levantado muy temprano porque no tenía sueño. 6. Él tenía cuatro años cuando perdió a su madre. 7. ¿Ha estado usted ya en España? Sí, el año pasado estuve dos mese en Madrid. 8. Ayer, cuando nosotros salíamos del colegio, vimos un accidente horrible. 9. Cuando llegó la policía, los ladrones ya se habían ido. 10. Cuando él supo la noticia, llamó enseguida a su padre.

6 1. Nosotros no fuimos ayer al cine porque ellos ya habían visto la película. 2. He perdido la pulsera que él me regaló/había regalado el año pasado. 3. Como ayer llovía/llovió/había llovido mucho, se suspendió la excursión. 4. Cuando Maite volvió/volvía a casa, se encontró la puerta abierta. 5. Los turistas no pudieron ver ayer la exposición de Picasso porque había mucha gente en la cola. 6. Esta mañana nos hemos levantado tarde porque no hemos oído el despertador. 7. Paco estaba/estuvo ayer tan nervioso que no sabía/supo lo que hacía. 8. Cuando los bomberos llegaron, el edificio ya se había quemado. 9. Aunque esta tarde ha hecho muy mal tiempo, ellos han dado un paseo por el parque. 10. Mientras usted hablaba ayer... yo pensaba en posibles soluciones.

7 1. Al salir el actor, aplaudieron todos los espectadores. 2. Antes de ir al cine, leemos las críticas. 3. Después de bañarme, me tumbé al sol. 4. Por no (querer) engordar, ella come poco. 5. Por haber robado un coche, le han condenado. 6. Al llegar a casa, no estaban mis padres. 7. Después de almorzar se echó la siesta. 8. Por estar enfermo mi padre, no pude ir con ellos de excursión. 9. Antes de salir de viaje, reservo hotel. 10. Para estar bien informado, leo todos los días el periódico.

8 1. Mi marido sale a las 2 de la oficina y llega a casa a las 2,30. 2. Ella trabaja en una empresa que exporta muchos productos a Marruecos. 3. Él se levantó de la silla y se sentó en el sillón. 4. Nosotros siempre viajamos en tren, pero a él le gusta ir en avión. 5. El niño empezó a llorar. 6. Ayer estuvimos en una fiesta y volvimos muy tarde a casa. 7. No ha dejado de llover en todo el día. 8. España importa acero de Alemania. 9. El ministro se bajó del coche y entró rápidamente en el hotel. 10. Nosotros nos fuimos a/de París en avión y volvimos a Madrid en tren.

Ilustraciones *Usos de los tiempos del pasado*

Ayer fuimos a una fiesta que resultó muy divertida. Había/hubo sangría, concursos y premios y la gente se lo estaba pasando muy bien. Allí conocí a una chica que era danesa y que había venido a España a estudiar español. Durante la fiesta empezó a llover. Como no dejaba/dejó de llover, tuvieron/tuvimos que suspenderla. Cuando regresamos/regresábamos a casa, nos encontramos a Pedro, que venía de una discoteca. Como no era muy tarde, nos fuimos juntos a tomar una copa y estuvimos charlando hasta las 3 de la madrugada. A las 3,30 llegué cansado, pero muy alegre a casa, me quité los zapatos y me fui de cabeza a la cama. Esta mañana me he levantado muy tarde porque me dolía mucho la cabeza. Esta tarde he quedado con mi amiga danesa para ir juntos al cine.

9 1. Él subió a la montaña. 2. Dejó/Acabó/Terminó de llover. 3. Ella se sentó en la silla. 4. Esta empresa exporta cigarrillos al extranjero. 5. Él ha venido/vuelto/regresado del cine. 6. El tren entró/llegó puntualmente a la estación. 7. Ellos salieron/se fueron de casa. 8. Mi jefe volvió/regresó/vino ayer de viaje. 9. Nosotros salimos de la habitación sin hacer ruido. 10. ¿De dónde venís/volvéis ahora?

10 1. Madrid está en el centro de España y es la capital... 2. La boda es el próximo domingo. 3. La comida es en un restaurante que está en el centro de la ciudad. 4. Mi coche está en el taller porque está estropeado. 5. Para mí es muy difícil comprender lo que está diciendo... 6. Los cubiertos que están en la mesa son de plata. 7. El examen es muy difícil y creo que yo aún no estoy bien preparado... 8. No me tomo el café porque es/está muy fuerte y además ya está frío. 9. Irlanda es un país católico. 10. Está prohibido aparcar aquí.

11 1. hiciste; tuve, ver/visitar, enseñarle, fuimos, hacía, gente/animación; Comprasteis; unos, disco; gustó; el aperitivo/algo de beber, de, fuimos; después de; dormimos, a; cola; las entradas; gustó; nada/mucho, conocimos; Tomamos/Comimos, a; fenomenal/estupendo/muy bien.

TEST DE EVALUACIÓN 4
(Lecciones 16 a 20)

I. **Utilice un pronombre interrogativo**

1. Aquí hay tres paraguas. ¿Cuál es el tuyo? 2. ¿Cuántos habitantes tiene esta ciudad? 3. ¿Qué profesión tiene tu padre? 4. ¿Con quién has estado hablando por teléfono? 5. ¿Qué prefiere usted tomar, café o té?

II. **Utilice un adjetivo/pronombre indefinido**

1. ¡Sírveme un/otro vaso de agua, por favor! 2. Él juega todos los días al tenis. 3. Cada/Todo/Cualquier trabajador tiene que pagar impuestos al Estado. 4. Para este puesto de trabajo hay muchas/algunas solicitudes. 5. No tenemos suficiente/bastante dinero para comprarnos un coche.

III. **Ponga el pronombre relativo más apropiado**

1. La película que vimos ayer nos gustó mucho. 2. Este jersey es muy bonito, pero el que está en el escaparate me gusta más. 3. Las chicas con las que fuimos ayer a bailar... 4. El edificio que está a la izquierda es Correos y el que está a la derecha es el Ayuntamiento. 5. El señor (al) que me presentaron ayer...

IV. ***A, de, en***

1. En la Costa del Sol han construido... 2. El tren de Barcelona a Madrid... 3. Este domingo hay una exposición de artesanía en la Plaza Mayor. 4. Hemos tenido que estar de pie porque... 5. En invierno, a las cinco de la tarde ya es de noche.

TEST DE EVALUACIÓN 4
(Lecciones 16 a 20)

V. Verbos + preposición

1. En París nos bajamos del tren y nos subimos al autobús que... 2. Cuando llegamos a/de Londres, empezó a llover. 3. Aunque hacía frío, salimos a pasear por el parque. 4. Él viene a España a/para aprender español... 5. Cuando volvían de su viaje de novios...

VI. Siga el modelo

1. Sí, lo terminamos ayer. 2. Sí, la vimos ayer. 3. Sí, los hice ayer. 4. Sí, se lo di ayer. 5. Sí, me lo compré ayer.

VII. Utilice el tiempo más apropiado

1. Yo he dormido mal esta noche. 2. Mi hermano hizo el año pasado... 3. El ministro dio ayer una conferencia de prensa. 4. Durante las vacaciones, ella iba todas las mañanas... 5. Ellos han vuelto/vuelven hoy de su viaje por Portugal.

VIII. Complete el diálogo con los verbos

hiciste; Fui, quisimos, pudimos, había, hacía, dimos; tuve; esperaba/estaba esperando, llamó, había caído, había roto.

LECCIÓN 21

1 1. La semana próxima él irá de excursión... 2. Esta noche ellos nos invitarán al teatro. 3. El domingo que viene comeremos... 4. ¿Iréis a veranear al mar el año próximo? 5. El mes que viene mi madre me mandará un paquete. 6. Mañana por la mañana te llamaré a las 9 por teléfono. 7. El año que viene mi amigo estudiará Medicina. 8. Esta tarde oiremos la radio. 9. Esta noche ellos verán la TV... 10. El mes próximo, ¿cogeréis el avión o el barco?

2 1. No tendré tiempo. 2. Ella no dirá nada. 3. Usted no querrá suspender el examen. 4. No podremos ir de excursión. 5. Ellos sabrán el número... 6. Tú vendrás a la fiesta. 7. No habrá entradas. 8. Ella se pondrá su traje largo. 9. Él saldrá de viaje a las 7. 10. En esta sala no cabrá tanta gente.

3 1. No, se lo diremos mañana. 2. No, los habrá mañana. 3. No, las tendremos mañana. 4. No, mis amigos vendrán mañana. 5. No, podremos hablar con él mañana. 6. No, la sabrá mañana. 7. No, me lo pondré mañana. 8. No, los haremos mañana. 9. No, saldrá de viaje mañana. 10. No, querrá hablar con él mañana.

4 1. No te preocupes. Te lo diré todo. 2. No te preocupes. Lo seremos. 3. ...Vendré pronto. 4. ... Me lo pondré. 5. ... Te lo traeré. 6. ... Te lo haré. 7. ... La apagaremos. 8. ... La cerraré bien. 9. ... No los perderé. 10. ... Te llamaremos por teléfono.

5 1. Estará llamando por teléfono. 2. Estarán escuchando música. 3. Estará preparando el examen. 4. Estaremos llegando a Roma. 5. Estarán jugando en el jardín. 6. Estaré descansando junto al mar. 7. Estará durmiendo la siesta. 8. Estará limpiando la casa. 9. Estaré volando a París. 10. Estará lavándose la cabeza.

Ilustraciones *El Futuro imperfecto*

Yo me quedaré/nosotros nos quedaremos en casa. Yo tendré/nosotros tendremos que trabajar mucho. Yo saldré/nosotros saldremos de viaje. Yo haré/nosotros haremos mucho deporte. Yo querré/nosotros querremos ganar mucho dinero. Yo no diré/nosotros no diremos nada. Yo veré/nosotros veremos la TV. Yo no podré/nosotros no podremos solucionar el problema. Yo sabré/nosotros sabremos hablar inglés.

6 1. Nosotros mismos la hemos arreglado. 2. Ella misma se lo ha cortado. 3. Vosotros mismos lo habéis sido. 4. Ellos mismos nos la han dado. 5. Tú mismo (a) te has equivocado. 6. Usted mismo (a) no la ha dicho. 7. Él mismo se la ha decorado. 8. Ellas mismas me lo han prometido. 9. Nosotras mismas nos las hemos hecho. 10. Yo mismo(a) me la he lavado.

Ilustraciones *El Futuro*

No, esta tarde lo terminaré. No, después de comer lo leeremos. No, esta noche las regará. No, la semana que viene lo haré. No, el mes próximo lo alquilaremos. No, el sábado la reservaremos. No, ahora la pondré. No, a las doce vendrá. No, pasado mañana iré.

7 1. Todos los días vamos a pasear por el parque. 2. Mi madre me ha mandado un paquete por correo. 3. ¿Para quién es este regalo? Es para mi hermano. 4. Por la mañana tomo café y para comer tomo un vaso de vino. 5. El tiempo está para nevar. 6. La ciudad fue destruida por las bombas. 7. Para llegar a la otra orilla, hay que pasar por un puente. 8. Él está enfadado por el resultado del partido. 9. Durante el verano tendré que estudiar mucho para aprobar el examen en septiembre. 10. Si pasas por Sevilla, ven a verme.

(8) hacéis/estáis haciendo; leyendo; Habéis encontrado; vende; vais/iréis; Acabamos, hemos quedado; vi, gustó; habéis decidido; era /es, dijo/ha dicho, teníamos; Habéis visto, hay; vimos, queremos; quiero; llamaremos.

(9) 1. ¿Tenéis algún plan para hoy? 2. Él lucha por la libertad. 3. Esta noticia la he oído por la radio. 4. Hicimos un viaje por toda Europa. 5. Este trabajo tiene que estar para el lunes. 6. Él trabaja para una empresa japonesa. 7. El avión no pudo aterrizar por la niebla. 8. El alcohol no es bueno para la salud. 9. Mándame por fax tus datos personales. 10. Estos zapatos son buenos para la lluvia.

LECCIÓN 22

(1) 1. Esta tarde nos quedaremos en casa. 2. Ellos vendrán mañana. 3. El próximo sábado haremos una excursión. 4. Hoy por la noche saldré a cenar con mis amigos. 5. Este fin de semana habrá huelga de taxis. 6. Mañana por la tarde no estaremos en casa. 7. El próximo viernes te podré dar una contestación. 8. Mañana podremos ir juntos al cine. 9. La semana próxima te devolveré el dinero. 10. El jueves próximo tendré tres horas libres.

(2) 1. No sé qué estará haciendo Juan ahora. 2. ¿Sabrán ellos ya la noticia? 3. Seguramente querrás descansar un poco. 4. Seguramente ganará un buen sueldo. 5. Usted seguramente pensará que no hay solución. 6. ¿Qué edad tendrá esa señora? 7. ¿Qué hora es? Serán ya las tres. 8. ¿Cuánto costará un crucero por el Mediterráneo? 9. ¿Cuántas personas habrá ahora en esta sala? 10. ¿Cuánto medirá esta habitación?

(3) 1. Él jugará mañana al tenis. 2. Ella irá de compras. 3. Haremos una excursión. 4. Vosotros saldréis temprano. 5. Ellas vendrán a visitarnos. 6. Conoceremos París. 7. Usted tendrá todo listo. 8. Sabré alemán. 9. Ellas pondrán el televisor en el comedor. 10. Ustedes no dirán nada.

Ilustraciones *El Futuro*

No valdrá para nada. Habrá nieve en la sierra. ¿Podremos dormir? Querrá ir al cine. Vendrán mañana. Saldré mañana para París. Ellos no sabrán la lección. Usted no tendrá tiempo. Ella no dirá nada.

4 1. Sí, nos quedaremos/No, no nos quedaremos. 2. Sí, saldré con vosotros(ustedes)/No, no saldré con vosotros(ustedes). 3. Sí, iré/No, no iré. 4. Sí, lo haremos/No, no lo haremos. 5. Sí, vendrá/No, no vendrá. 6. Sí, lo estudiaremos/No, no lo estudiaremos. 7. Sí, lo veré/No, no lo veré. 8. Sí, cenarán/No, no cenarán. 9. Sí, me quedaré/No, no me quedaré. 10. Sí, jugaremos/No, no jugaremos.

5 1. ¿El tren ya habrá llegado a Valencia? 2. Mañana ya habremos hecho todo. 3. La policía ya habrá descubierto al ladrón. 4. Ustedes ya habrán visto el museo del Prado. 5. Mañana yo ya habré escrito la carta. 6. ¿Quién habrá roto el cristal? 7. ¿Qué le habrá dicho Carmen al jefe? 8. ¿Quién habrá abierto este paquete?

6 1. Sí, ya habrá salido/No, no habrá salido. 2. Sí, habrán ido/No, no habrán ido. 3. Sí, se habrán despedido/No, no se habrán despedido de los tíos. 4. Sí, se habrá retrasado/No, no se habrá retrasado. 5. Sí, habrán cantado/No, no habrán cantado. 6. Sí, lo habrá comprendido/No, no lo habrá comprendido. 7. Sí, lo habrán terminado/No, no lo habrán terminado. 8. Sí, la habrá escuchado/No, no la habrá escuchado. 9. Sí, les habrán telefoneado/No, no les habrán telefoneado. 10. Sí, lo habrá colgado/No, no lo habrá colgado.

7 1. Ellos vendrán mañana seguramente. 2. Vosotros no habláis cortésmente. 3. Ella responde afablemente. 4. ¡Por favor, habla claramente! 5. Tú actúas torpemente. 6. Nosotros trabajamos rápidamente. 7. Ella nos miró alegremente. 8. ¡Esperad pacientemente! 9. Ellos salieron urgentemente hacia Madrid. 10. Ustedes han resuelto todo perfectamente.

Ilustraciones *Futuro perfecto*

Sí, seguramente habrá salido ya. Sí, probablemente habrá aterrizado ya. Sí, probablemente la habrá contestado ya. Sí, probablemente los habrán tenido ya. No, seguramente no los habrán hecho todavía. Difícilmente lo habrán resuelto. Sí, posiblemente lo habrán escrito ya. Sí, seguramente habrán vuelto tarde. Difícilmente la habrán compuesto.

8 1. ¿A qué día estamos? Hoy es 23 de marzo. 2. ¿Desde cuándo estás estudiando español? Desde hace dos años. 3. ¿Qué harán ustedes en/durante las vacaciones? Haremos un viaje por toda Europa. 4. En/durante el concierto no se oyó ni respirar. Cuando terminó, todo el mundo se puso de/en pie y aplaudió con gran entusiasmo al director. 5. El profesor escribió las palabras difíciles en la pizarra. 6. Ellos entraron por la puerta a/de la cocina. 7. Tengo que bajar a la bodega a/para buscar una botella de vino. 8. Estuve tomando el sol en/desde la terraza a/hasta la hora de comer. 9. ¿Cuidado con el perro! 10. María se marchó con lágrimas en los ojos.

9 servirle; pasar, información; excursiones, junto a la playa, aire acondicionado, temporada alta; con derecho a cocina; dormitorios; exactamente; sucursal; un mes de antelación; condiciones de pago.

LECCIÓN 23

1 1. Quizá lo compremos. 2. Tal vez lo alquile. 3. Posiblemente comamos. 4. Quizá nos quedemos. 5. Es posible que nos llame. 6. Probablemente las abran. 7. Tal vez lo esperemos. 8. Quizá pasemos. 9. Tal vez se la escriba. 10. Posiblemente se salve.

2 1. Ojalá nos lo den. 2. Ojalá llueva. 3. Ojalá lo toque. 4. Ojalá la alcancemos. 5. Ojalá lo solucione. 6. Ojalá lleguen. 7. Ojalá te escriba. 8. Ojalá le atrape. 9. Ojalá nos inviten. 10. Ojalá se cure.

3 1. Le aconsejo que lea este libro. 2. Te prohíbo que vengas esta tarde. 3. Le ordeno que salga inmediatamente de la habitación. 4. Te pido que me hagas un favor. 5. Le exijo que pague la factura. 6. Os ruego que no os pongáis nerviosos. 7. Te ordeno que te levantes. 8. Os suplico que tengáis paciencia. 9. Les recomiendo que compren este disco. 10. No le permito que me insulte.

④ 1. Es conveniente que se acueste pronto. 2. ... que lo defiendan. 3. ... que lo resuelvas. 4. ... que duerma bien. 5. ... que lo recuerde todo. 6. ... que la calentéis. 7. ... que la hiervas. 8. ... que se vuelva a discutir. 9. ... que niegue todo. 10. ... que contéis con él.

⑤ 1. Es posible que haga buen tiempo. 2. ... que acertemos las quinielas. 3. ... que viaje el mes próximo. 4. ... que la termine el año que viene. 5. ... que nos casemos pronto. 6. ... que pueda venir mañana. 7. ... que lo resuelva pronto. 8. ... que nos volvamos a ver. 9. ... que lo encuentre. 10. ... que se diviertan en la fiesta.

⑥ 1. Se busca ingeniero... que sepa hablar inglés. 2. Quiere vivir en una gran ciudad que tenga un buen aeropuerto. 3. Necesitamos una secretaria que trabaje eficazmente. 4. Aconséjeme un perfume que no sea muy fuerte. 5. Buscan un abogado que defienda bien a sus clientes. 6. Solicitaré una beca que me permita vivir sin problemas. 7. Deseamos un coche que no gaste mucha gasolina. 8. Recomiéndame una s revistas que sean interesantes. 9. Quiero un jersey que vaya con esta falda. 10. Esta empresa necesita empleados que estén dispuestos a viajar continuamente.

⑦ 1. Ella tiene muy buen carácter. 2. Mi calle es muy tranquila. 3. La ropa está seca. 4. Aquí tenemos un clima muy frío. 5. Aquel muchacho es tonto. 6. Estos ejercicios son bastante difíciles. 7. Mi café está caliente. 8. Su casa es pequeña. 9. Tengo mucha hambre. 10. Las tiendas están cerradas.

⑧ 1. Espere un momento, que pronto estoy/estaré con usted. 2. La segunda parte del partido fue muy aburrida porque los jugadores ya estaban bastante cansados. 3. Mi hermana está de enfermera... 4. ¿Por qué estás tan triste? 5. Oye, no grites tanto, que no estoy sordo. 6. Él es sordomudo de nacimiento. 7. El hijo de los vecinos es muy travieso. Siempre está haciendo alguna trastada. 8. Los mejores atletas suelen ser negros. 9. Los alumnos están muy atentos en clase. 10. María es una persona muy atenta.

9 *Querido Juan:*

Me ha alegrado/alegró recibir tu carta, pues ya hace/hacía tiempo que no tenía/recibía noticias tuyas. Yo también te deseo a ti y a toda tu familia un feliz y próspero Año Nuevo.

Como quiero que hoy mismo salga la carta para que te llegue a tiempo, te comunico únicamente que ya tengo reservado hotel. Espero que sea de tu agrado.

Por supuesto, te estaré/estaremos esperando en el aeropuerto; ya hablaremos más despacio de todo. Hasta entonces, recibe un fuerte abrazo de tu amigo,

Ricardo